Lektürehilfen

Georg Büchner

Woyzeck

von Norbert Kinne

Klett Lernen und Wissen

Norbert Kinne ist Gymnasiallehrer für die Fächer Deutsch und Englisch in Nordrhein-Westfalen.

In der Klett-Reihe Editionen für den Literaturunterricht ist erschienen:
Georg Büchner, Woyzeck. Lese und Bühnenfassung mit Materialien ausgewählt von Thomas Kopfermann und Hartmut Stirner
Leipzig, Stuttgart, Düsseldorf 2004, Klettbuch 351 611
Alle Angaben zum Text beziehen sich auf diese Ausgabe.

9 783129 230053

Bibliographische Information Der Deutschen Bibliothek
Die Deutsche Bibliothek verzeichnet diese Publikation in der Deutschen Nationalbibliographie; detaillierte bibliographische Daten sind im Internet über http://dnb.ddb.de abrufbar

Auflage 6. 5. 4. | 2010 2009 2008
Die letzten Zahlen bezeichnen jeweils die Auflage und das Jahr des Druckes.

Dieses Werk folgt der reformierten Rechtschreibung und Zeichensetzung. Ausnahmen bilden Texte, bei denen künstlerische, philologische oder lizenzrechtliche Gründe einer Änderung entgegenstehen.

Internetadresse: http://www.klett.de
Umschlagabbildung: ullstein-bild, Berlin
Satz: DTP Andrea Eckhardt, Göppingen
Druck: Druck Partner Rübelmann, Hemsbach, Printed in Germany
ISBN 978-3-12-923005-3

Inhalt

Vorbemerkung

In diesem Buch wird der Text des „Woyzeck“ nach der Edition von Thomas Kopfermann und Hartmut Stirner (Leipzig, Stuttgart, Düsseldorf 2004) zitiert, die der historisch-kritischen Ausgabe von Werner R. Lehmann (München ^{2}1974) folgt. Zitate aus den anderen Werken und den Briefen Büchners sind der Ausgabe von Karl Pörnbacher u.a. (München/Wien ^{3}1984) entnommen, für die ebenfalls der Text Lehmanns zugrunde gelegt wurde.
Schreibweisen wie „Doctor“ und Wortformen wie „der Handwerksbursch“ sind gewollt, da sie dem Text Büchners entsprechen.
Im Kapitel „Worterklärungen. Eine alphabetische Zusammenstellung“ werden solche Ausdrücke und Wörter erklärt, deren Bedeutung aus der Beschreibung der Einzelszenen nicht hervorgeht.

Die Einzelszenen des Stücks

Freies Feld. Die Stadt in der Ferne

Der gemeine Soldat Woyzeck und seine niedrige Arbeit

In der Eröffnungsszene des Stückes treten Woyzeck und Andres auf. Es sind zwei einfache Soldaten, die abends vor der Stadt, in der sie stationiert sind, Stöcke schneiden, die für das Flechten von Körben gebraucht werden. Mit Woyzeck tritt in dieser Szene ein geistig verwirrter Mensch auf, der von merkwürdigen Visionen heimgesucht und von seinem Kameraden Andres nicht verstanden wird.

Woyzecks geistige Verwirrung

Woyzeck sieht einen Lichtstreifen über dem Gras, den er für ein Erkennungszeichen der Freimaurer hält. Er fühlt sich von den Freimaurern bedroht und glaubt, dass sie den Boden, auf dem er steht, unterhöhlt haben. Auch kommen ihm Todesahnungen: Er spricht von „Hobelspänen", auf denen ein Toter „drei Tag und drei Nächt" gelagert war, und einem abgeschlagenen Kopf, der von jemandem aufgehoben wurde, weil er ihn für einen Igel hielt. Andres versucht zunächst, diese Furcht erregenden Visionen und Assoziationen nicht zu beachten; er antwortet Woyzeck nicht und singt, scheinbar unbeteiligt, ein Volkslied. Doch dann gesteht er Woyzeck: „Ich fürcht mich." Woyzeck versetzt Andres in noch größeren Schrecken damit, dass er ihn auf die unheimliche Stille hinweist, die, so Woyzecks Halluzinationen, von drohenden Geräuschen unterbrochen wird: „Ein Feuer fährt um den Himmel und ein Getös herunter wie Posaunen." Er reißt Andres ins Gebüsch und fordert ihn auf, nicht hinter sich zu schauen. Andres sieht schließlich eine Möglichkeit, diese gespenstische Situation zu beenden: In der Stadt wird das Abend-Signal getrommelt, die Soldaten müssen in die Garnison zurückkehren.

Woyzeck wird in der ersten Szene als einfacher Soldat, der einer niedrigen Arbeit nachgeht, und als ein von Visionen und Halluzinationen bedrängter Mensch dargestellt, der sich einer ungreifbaren Bedrohung ausgesetzt fühlt. Zwar arbeitet sein Kamerad Andres neben ihm, doch ist Woyzeck wegen seiner geistigen Verwirrung von Andres isoliert. Ein Gespräch, das dem gegenseitigen Verständnis dienen könnte, findet nicht statt.

Isolierung Woyzecks

Die Stadt

Die zweite Szene des Stückes zerfällt in drei Teile. Sie spielt in der Stadt. Marie, die Geliebte Woyzecks, steht am Fenster ihrer Kammer, ihr kleines Kind, einen Jungen, auf dem Arm, und beobachtet vorbeiziehende Soldaten, den Zapfenstreich, der von einem Tambourmajor angeführt wird.

Moralische Angriffe auf Marie

Den ersten Teil der Szene bildet ein Dialog zwischen Marie und ihrer Nachbarin Margreth. Beide bewundern den stattlichen Tambourmajor, der auf die Frauen aufmerksam wird und sie grüßt. Der Gruß ist eher an die attraktive Marie als an die Nachbarin gerichtet; anschließend kommt es zum Streit zwischen den beiden Frauen. Marie weist mit einem bösen Vergleich – Margreths Augen sollen zu einem Juden getragen und geputzt werden, so dass sie vielleicht noch glänzen und als Knöpfe verkauft werden können – auf die verblasste Schönheit ihrer Nachbarin hin, während diese Marie vorwirft, nicht „honett" zu sein und den Tambourmajor anzusehen, als wolle sie „siebe Paar lederne Hose" durchgucken.

Maries soziale Situation als unverheiratete Mutter

Nach dieser Bemerkung bricht Marie das Gespräch ab und wendet sich ihrem Kind zu, das sie als „en arm Hurenkind" bezeichnet. Sie singt ihm zwei Strophen eines Volksliedes vor, dessen Inhalt ihre eigene Situation widerspiegelt: Auch Marie hat „ein klein Kind und kein Mann"; Woyzeck, der Vater des Kindes, ist nicht ihr Ehemann.

Woyzeck: ein Opfer des Wahnsinns

Im dritten Teil der Szene kommt Woyzeck, auf dem Wege zum Appell, an Maries Wohnung vorbei und wechselt ein paar Worte mit ihr. Er darf nicht bleiben und kann Marie lediglich mitteilen, dass er erneut von grässlichen Visionen bedrängt ist und sich von einer nicht benennbaren Gefahr bedroht fühlt. Marie ist entsetzt. Sie fürchtet, dass Woyzeck wahnsinnig wird. Ihre die Szene abschließende Äußerung: „Ich halt's nicht aus. Es schauert mich." ist vieldeutig. Sie bezieht sich nicht nur auf die augenblickliche Situation – es ist dunkel, sie ist allein mit dem Kind – oder ihre soziale Lage als unverheiratete Mutter, die sich, wie an den Worten der Nachbarin Margreth abzulesen ist, „moralisch“ begründeten Angriffen ihrer Umwelt ausgesetzt sieht, sondern auch auf ihr Verhältnis zu Woyzeck. Ihre Reaktion auf den Tambourmajor deutet an, wo sie den Ausweg aus ihrer „unhaltbaren“ Lage suchen könnte.

Der Tambourmajor als Ausweg für Marie

Exposition: Szene 1 und 2

Mit der zweiten Szene ist die Exposition des Stückes abgeschlossen. Die Hauptpersonen sind eingeführt, die Konflikte angedeutet. Woyzeck ist den Zuschauern als gemeiner Soldat präsentiert, der dem militärischen Reglement unterliegt. Er geht niedrigen Arbeiten nach, ist Vater eines unehelichen Kindes und hat offensichtlich nicht die Möglichkeit, die Mutter des Kindes zu heiraten. Merkwürdige Visionen suchen diesen Grübler heim, er durchlebt Zustände unerträglicher Angst. Dies isoliert ihn von anderen Menschen und gefährdet seine Beziehung zu Marie, die sich von einem Tambourmajor beeindrucken lässt, einem möglichen Rivalen Woyzecks.

Buden. Lichter. Volk

Funktion der Jahrmarktsszene

Die Jahrmarktsszene ‚Buden. Lichter. Volk‘ führt einerseits die Handlung fort, da der Tambourmajor zusammen mit einem Unterofficier sich Marie zu nähern versucht. Andererseits weisen die Ausführungen des Ausrufers und des Marktschreiers auf Ereignisse voraus, die in einigen der folgenden Szenen dargestellt werden. Außerdem enthalten sie eine Interpretation des Stückes, eine bildhafte Deutung der Existenz Woyzecks.

Vorausdeutung auf Tanz und Tod

Die Szene wird eröffnet von einem alten Mann, der zum Leierkasten singt:

> „Auf der Welt ist kein Bestand,
> Wir müssen alle sterben,
> Das ist uns wohlbekannt!”

Dazu tanzt ein Kind. Woyzeck und Marie, die über den Jahrmarkt gehen, äußern sich zu dem Gegensatz, den das tanzende Kind und der vom Tod singende alte Mann bilden, nicht wissend, dass der Tanz (vgl. die Szenen ‚Wirthshaus‘ und ‚Das Wirthshaus‘) und der Tod bald für sie wichtig werden.

Sie lassen sich von einem Ausrufer ablenken, der Zuschauer in eine Bude locken will, in der eine Tiervorführung stattfinden soll. Woyzeck und insbesondere Marie sind fasziniert und gehen in das Innere der Bude, wo sie eine Pferdenummer sehen, die ein Marktschreier vorführt und kommentiert. Beide bemerken nicht, dass ihnen der Tambourmajor und ein Unterofficier folgen, die darauf aus sind, Marie zu verführen.

Der Ausrufer vor der Bude verkündet, dass ein Tier seine kreatürliche Existenz, seine Natur, überwinden könne, wenn es Rock, Hosen und Säbel anlege. Es schreite durch diese Kostümierung zu einer zivilisierten Existenz fort und könne sich sogar als „Baron“ ausgeben. Zwar sei das Tier immer noch ein Tier, werde aber als ein kultiviertes Wesen akzeptiert; es sei „Liebling von alle Potentate Europas und Mitglied von alle gelehrte Societät“. Nimmt man diesen Ausführungen die Ironie, so wird deutlich, dass der mit französischem Akzent sprechende Ausrufer die Kulturkritik Jean-Jacques Rousseaus (1712–1778) vorträgt. Die Zivilisation (Kultur, „Kunst“) ist nur ein scheinbarer Fortschritt gegenüber dem Naturzustand. Der zivilisierte Mensch hat sich nicht über das unkultivierte Tier erhoben. Der Glaube daran, dass die Menschen als Individuen und als gesellschaftliches Kollektiv zivilisiert sind und die Stufe des Natürlichen, Tierischen, Kreatürlichen überwunden haben, beruht auf einer Täuschung, da der äußere Schein, das Kostüm (Rock, Hosen, Säbel), für die Wirklichkeit genommen wird. Am Verhalten Maries lässt sich ablesen, wie berechtigt diese Kritik ist. Sie fällt auf den glitzernden Schein der Jahrmarktswelt herein und betritt mit den folgenden Worten die Bude: „Das muß schön Dings seyn. Was der Mensch Quasten hat und die Frau hat Hosen. [...] Was Lichter, mei Auge!“

Verhältnis von Natur und Zivilisation

Kulturkritik Rousseaus: Fortschritt

Wirklichkeit und Schein

Der Marktschreier im Innern der Bude setzt den Vergleich zwischen Menschen und Tieren fort. Ein Pferd soll durch allerlei Kunststücke beweisen, dass es „kei viehdummes Individuum“ mehr ist, sondern „eine Person“. Das Pferd bewährt sich zunächst: Auf eine Frage des Marktschreiers schüttelt es den Kopf, d.h. es gibt die sinnvolle Antwort „Nein“. Doch dann „führt sich“ das Pferd, so die Bühnenanweisung, „ungebührlich auf“, d.h. das Pferd tut, was der Doctor in einer späteren Szene Woyzeck vorwirft, wobei er ihn mit einem Tier vergleicht: „Ich hab's gesehn Woyzeck; Er hat auf die Straß gepißt, an die Wand gepißt wie ein Hund.“ Weder Woyzeck noch das Pferd können ihre natürlichen Be-

Vorausdeutung auf die Doctor-Szene

Woyzeck als natürliches Wesen

dürfnisse unterdrücken. Trotz aller Erziehung, Bildung und Dressur bleiben sie kreatürliche Wesen. Der Marktschreier kritisiert das natürliche Verhalten des Pferdes nicht, im Gegenteil, er stellt es als Vorbild für die Menschen hin:

> „Sehn Sie das Vieh ist noch Natur, unideale Natur! Lern Sie bey ihm. Fragen Sie den Arzt, es ist höchst schädlich. Das hat geheißе: Mensch sey natürlich. Du bist geschaffe Staub, Sand, Dreck. Willst du mehr seyn, als Staub, Sand, Dreck?"

Auch das ist ein deutlicher Verweis auf Woyzeck. Sowohl der Hauptmann als auch der Doctor werden in den folgenden Szenen von Woyzeck verlangen, seine Natur zu unterdrücken. Das, so der Marktschreier, widerspricht der göttlichen Schöpfung und schadet dem Menschen, es macht ihn krank. Auch die abschließende Bemerkung des Marktschreiers lässt sich auf Woyzeck anwenden: Wie das Pferd, so ist auch Woyzeck „ein verwandelter Mensch". Er braucht seine Hände für die Arbeit und kann deshalb „nit an de Finger herzählen"; wegen seiner Lebensumstände eignet er sich die zum vollen Menschendasein notwendige Bildung nicht an und kann sich daher „nit explicirn".

Der Ausrufer und der Marktschreier verdeutlichen bildhaft die soziale und menschliche Situation Woyzecks. Die von ihnen dominierte Szene ‚Buden. Lichter. Volk' hat wesentlich die Funktion, Hinweise für die Deutung des Stückes zu geben.

Beginn des Eifersuchtsdramas

Gleichzeitig markiert sie den Beginn des Eifersuchtsdramas, denn die Äußerungen des Tambourmajors lassen keinen Zweifel über seine Absichten zu. Die Faszination, welche die Glitzerwelt des Jahrmarkts auf Marie ausübt, lässt ahnen, dass sie dem Tambourmajor mit seiner imposanten äußeren Erscheinung nicht viel Widerstand entgegensetzen wird.

Kammer I

Die vierte Szene spielt in Maries Kammer. Zunächst ist Marie allein mit dem Kind, in der zweiten Hälfte der Szene ist auch Woyzeck anwesend.

Maries Ansprüche und Bedürfnisse

Marie hat vom Tambourmajor goldene Ohrringe als Geschenk erhalten. Sie legt sie an und betrachtet sich in einem „Stückchen Spiegel". Sie ist beeindruckt vom Glanz der Steine und der Tatsache, dass die Ohrringe aus Gold sind. Im Selbstgespräch bezeichnet sich Marie als „ein arm Weibsbild“, das „nur ein Eckchen in der Welt und ein Stückchen Spiegel“ hat, aber genau wie „die großen Madamen mit ihren Spiegeln von oben bis unten“ beansprucht sie ein Recht auf Luxus, auf die Aufmerksamkeit und Werbung der „schönen Herrn“ für sich, insbesondere weil sie ihnen an Schönheit und Attraktivität nicht nachsteht. Sie empfindet es als Befriedigung natürlicher, unverzichtbarer Bedürfnisse, dass der Tambourmajor sie umwirbt und beschenkt.

Woyzecks Verdacht wegen der Ohrringe

Als Woyzeck eintritt, versucht sie, die Ohrringe zu verbergen, und hilft sich mit der Lüge, sie habe den Schmuck gefunden. Woyzeck bezweifelt dies, forscht aber wegen Maries provokativer Frage: „Bin ich ein Mensch?“ (d.h. „Willst du meine Tugend anzweifeln?“) nicht weiter nach. Er wendet sich dem Kind zu, das unruhig schläft und dem einige Tropfen Schweiß auf der Stirn stehen. Besorgt fordert er Marie auf, den Jungen bequemer zu halten. Die Schweißtropfen veranlassen ihn zu der Bemerkung, dass das Leben der „armen Leute“ aus nichts als Arbeit bestehe, die sogar deren Kinder bis in den Schlaf verfolge. Wie zur Bestätigung seiner Aussage gibt er Marie das Geld, welches er mit seiner Arbeit verdient hat, und betont, dass er fort müsse.

Arbeit als Lebensinhalt der „armen Leute“

Mit einem kurzen Monolog Maries schließt die Szene. Sie verurteilt ihr Verhalten und macht sich Vorwürfe, weil sie Woyzeck belogen hat. Letztlich allerdings gibt sie ihren Wünschen nach; sie ist entschlossen, Geschenke zu nehmen und der Werbung des Tambourmajors nachzugeben.

Selbstvorwürfe Maries

Die Szene zeigt, dass Marie der Werbung des Tambourmajors nicht widerstehen will und Woyzeck bereits Verdacht geschöpft hat. Maries Schlussmonolog deutet an, dass ihre Schuldgefühle und Woyzecks Eifersucht in eine Gewalttat münden können. Außerdem werden die Motive „natürliche Bedürfnisse“, „soziale Lage“ und „Gewalt“ in dieser Szene miteinander verknüpft: Marie kann ihre natürlichen Bedürfnisse in ihrer sozialen Lage nur dann befriedigen, wenn sie Woyzeck betrügt. Als Konsequenzen ergeben sich ihre Schuldgefühle und Woyzecks Eifersucht, die eine gewalttätige Bestrafung Maries verlangen.

Gewalt als Scheinlösung der Probleme Woyzecks und Maries

Der Hauptmann. Woyzeck

Die Konstellation Vorgesetzter – Untergebener (Der Hauptmann – Woyzeck)

Wie bereits der Szenentitel besagt, treten hier Woyzeck und der Hauptmann auf. Der Hauptmann ist der militärische Vorgesetzte Woyzecks. Als einfacher Soldat ist Woyzeck dazu verpflichtet, für den Offizier besondere Dienste zu verrichten. Er muss den Hauptmann u. a. rasieren. Während des Rasierens sprechen die beiden miteinander; allerdings entwickelt sich ein wirklicher Dialog erst in der zweiten Hälfte der Szene. Zunächst ist der Redeanteil des Hauptmanns sehr viel größer als derjenige Woyzecks, der lediglich dreimal „Ja wohl, Herr Hauptmann" sagt und einen unvollständigen Satz auf die Frage des Hauptmanns nach dem Wetter äußert.

Die anfängliche Zurückhaltung Woyzecks ist darauf zurückzuführen, dass er seinem Vorgesetzten nicht zu widersprechen wagt bzw. die Ausführungen des Hauptmanns ihm unverständlich bleiben, da sie außerhalb seiner Erfahrungswelt liegen. Der Hauptmann fordert Woyzeck auf, langsamer zu arbeiten, sich nicht abzuhetzen, sich die Zeit besser einzuteilen. Sonst werde es dazu kommen, dass er seine Zeit nicht mit sinnvollen Tätigkeiten ausfüllen könne. Offensichtlich redet der Hauptmann über seine eigene Lebenssituation: Das Garnisonsleben ist für einen Offizier langweilig, er hat nichts zu tun, findet keine „Beschäftigung". Er hat Angst vor der Zeit, die ohne sinnvolle Tätigkeit nur langsam vergeht, fühlt sich aber gleichzeitig wie gelähmt, so dass ihm jede Bewegung und Aktivität zuwider ist. Als Symbol für seine Ansichten wählt der Hauptmann das „Mühlrad", das sich nur langsam bewegt, aber eben doch bewegt, so dass es gleichzeitig für die Langeweile und für die Vergänglichkeit stehen kann. Das Mühlrad spiegelt das Lebensgefühl des Hauptmanns: „Woyzeck, ich kann kein Mühlrad mehr sehn, oder ich werd' melancholisch."

Das Lebensideal des Hauptmanns: Inaktivität

Langeweile und Melancholie des Hauptmanns

Woyzeck müssen diese Gedanken und Empfindungen fremd und unverständlich bleiben, so dass er dem Hauptmann nicht antworten kann. Er hat kaum Zeit genug, um durch rastlose Arbeit und Betriebsamkeit genügend Geld für sich, Marie und das Kind zusammenzubringen. Er sieht „verhetzt" aus, weil er überarbeitet ist, die Arbeit ihn krank macht und er es sich gefallen lassen muss, bei der Arbeit von sozial Höhergestellten beleidigt und gedemütigt zu werden. So findet der Hauptmann

Arbeit und Demütigung: Gegenteilige Erfahrungen Woyzecks

in dieser Szene seine Freude daran, mit Woyzeck den üblen Scherz vom „Süd-Nord"-Wind zu machen, ihn als „ganz abscheulich dumm" und herablassend als „guter Mensch" zu bezeichnen.

Woyzeck reagiert auf die Ausführungen des Hauptmanns mit Argumenten erst, als dieser ihm vorwirft, er habe „keine Moral", weil er Vater eines unehelichen Kindes ist: „Er hat ein Kind [...] ohne den Segen der Kirche ..." Mit einem Bibelzitat widerspricht Woyzeck dem Hauptmann: Die Menschenliebe des christlichen Gottes gehe sicherlich so weit, dass er ein uneheliches Kind nicht verstoßen werde, habe er doch gesagt: „Lasset die Kindlein zu mir kommen." Auch der Aufforderung des Hauptmanns, im Dienste der Tugend und Moral seine Sinnlichkeit zu kontrollieren, setzt Woyzeck das Argument entgegen, er und alle „arme" bzw. „gemeine Leut" gäben der „Natur" zwangsläufig nach. Kontrolle der Sinnlichkeit gemäß den Geboten der Tugend sei nur den „Herren" möglich, also solchen Menschen, die in materiell gesicherten Verhältnissen leben und sich einer gewissen Bildung erfreuen. Deutlich wird, wie schwer es Woyzeck fällt, seine Gedanken und Gefühle in Worte zu fassen; mühsam kämpft er gegen seine Sprachlosigkeit an.

Moral und soziale Klasse

Kammer II

Was in der ersten Kammerszene angedeutet wurde, wird jetzt wahr: Der Tambourmajor und Marie betrügen Woyzeck.

Der Betrug an Woyzeck

Büchner gestaltet keine lange Verführungsszene mit umfangreichen Dialogen o. Ä. Beiden Figuren werden nur kurze Sätze, teilweise einzelne Wörter, in den Mund gelegt, die das elementare, naturhafte Geschehen charakterisieren. Marie und der Tambourmajor verfallen einander als „Weib" und „Mann". Das Triebhafte und Kreatürliche im Verhalten der beiden wird unterstrichen durch Vergleiche mit dem Tierreich – ein deutlicher Verweis auf die Jahrmarktsszene. Marie bezeichnet den Tambourmajor als „Rind" und „Löw", er sie als „wild Thier". Ihnen „kommt", um einen Ausdruck Woyzecks aus der vorangegangenen Szene zu wählen, „nur so die Natur"; Marie nimmt keine Rücksicht mehr auf Woyzeck.

Die Verführung als naturhaftes Geschehen

Auf der Gasse

Woyzecks Verdacht

Aggressive Bereitschaft Woyzecks

Marie wird von Woyzeck zur Rede gestellt. Er behauptet, einen Mann bei ihr gesehen zu haben. Es gelingt ihr nicht mehr, seinen Verdacht zu entkräften, auch nicht dadurch, dass sie erneut, wie bei Woyzecks Misstrauen bezüglich der Ohrringe, einen provokanten Ton – für die Bühnenanweisung wählt Büchner das Wort „keck“ – anschlägt. Die ohnmächtige Wut Woyzecks äußert sich bereits in aggressiven Formulierungen. Er will Maries „Sünde“ „mit Fäusten greifen“ und bezeichnet ihr Verhalten als „Todsünde“. Nur Maries Schönheit, die ihn nach wie vor gefangen hält, und die Angst, seinen einzigen Halt – Marie und das Kind – zu verlieren, hindern Woyzeck noch daran, Marie für ihre „Sünde“ zu bestrafen.

Beim Doctor

Der Vertrag zwischen dem Doctor und Woyzeck

Woyzeck hat mit einem Mediziner einen Vertrag abgeschlossen, nach dem Woyzeck verpflichtet ist, gegen ein Entgelt seinen Körper für Forschungen des Wissenschaftlers zur Verfügung zu stellen. Woyzeck muss eine bestimmte Diät einhalten, bei der Erbsen eine wesentliche Rolle spielen, und er muss seinen Urin abliefern.
Die Szene setzt mit dem Vorwurf des Doctors ein, Woyzeck habe ihm eine bestimmte Urinmenge rechtswidrig vorenthalten, da er „auf die Straß gepißt, an die Wand gepißt“ habe „wie ein Hund“. Der Wissenschaftler sieht sein Experiment gefährdet; für den Nachweis, dass eine bestimmte Diät zu einer chemisch spezifischen Zusammensetzung des Urins führt, braucht er Woyzecks gesamten Urin. Dieser entschuldigt sich mit seinen natürlichen Bedürfnissen: „Aber Herr Doctor, wenn einem die Natur kommt.“ Der Doctor lässt diese Entschuldigung nicht gelten. Er habe nachgewiesen, dass der für das Harnlassen entscheidende Muskel „dem Willen unterworfen“ sei. Da den Menschen aber der **freie** Wille auszeichne, könne man nicht behaupten, die „Natur“ **zwinge** einen Menschen „zu pissen“.

Natürliche Bedürfnisse und freier Wille

Sprachlosigkeit Woyzecks

Woyzeck greift das Stichwort „Natur“ auf und versucht, dem Doctor seine Überlegungen zur „doppelten Natur“ zu erläutern. Er ist allerdings nicht in der Lage, allgemeine Aussagen zu machen: „Aber mit der Natur ist's was anders, sehn Sie mit der Natur [...] das ist so was, wie soll ich doch sagen, zum Beispiel ..." Nur mit Hilfe von Beispielen und Vergleichen kann Woyzeck darauf hoffen, sich selbst und dem Doctor die Natur zu erklären. Die sich anschließenden Ausführungen Woyzecks über „Schwämme", die in bestimmten „Figuren" auf dem Boden wachsen, bewertet der Doctor abfällig als „Philosophie". Da Woyzeck auch behauptet, „eine fürchterliche Stimme" gehört zu haben, die ihm die Geheimnisse der Natur offenbaren könnte, steht es für den Wissenschaftler fest, dass Woyzeck geisteskrank ist. Woyzeck habe die „schönste aberratio mentalis partialis, die zweite Species", was bedeutet, dass er teilweise vom geistigen Normalzustand abweicht, einer „fixen Idee" verhaftet ist, aber sich in den Verrichtungen des Alltags normal verhält. Damit ist Woyzeck für den Doctor auch psychologisch ein interessanter Fall, den es zu erhalten gilt. Er verpflichtet ihn daher durch eine „Zulag", an der Erbsendiät festzuhalten.

Woyzecks Wahnsinn

Die Szene ‚Beim Doctor' erfüllt eine ähnliche Funktion wie die Rasierszene. Woyzeck steht einer sozial höher gestellten Person gegenüber, der er ausgeliefert ist. Er ist für den Hauptmann und den Doctor das „Subject Woyzeck", der Unterworfene, der seinem militärischen Vorgesetzten als Bursche, seinem wissenschaftlichen Vertragspartner als Versuchskaninchen zu dienen hat.

Funktion der Rasier- und Doctor-Szene

Die sozialen Machtverhältnisse spiegeln sich in der Anredeform: Woyzeck verwendet für den Hauptmann und den Doctor das respektvolle „Sie", er wird mit dem herablassenden „Er" angesprochen.

Anredeformen als Spiegel sozialer Verhältnisse

Straße

In der Szene ‚Straße' treffen der Hauptmann und der Doctor aufeinander. Ihr den Auftritt eröffnender Dialog zeigt, dass sie füreinander keine Sympathien empfinden; als ihnen dann aber im zweiten Teil der Szene Woyzeck, der „die Straße heruntergerannt kommt", begegnet, lassen sie von ihrer Auseinandersetzung ab, um sich gemeinsam gegen ihn zu wenden.

Die soziale Konstellation Hauptmann – Doctor – Woyzeck

Auf der Straße spricht der Hauptmann den Doctor an und fordert ihn – wie vorher bereits Woyzeck – auf, nicht so schnell zu „rennen", nicht „sich zu hetzen":

Das Lebensideal des Hauptmanns: Inaktivität

Melancholie und Weltschmerz als modische Selbststilisierung

„Ein guter Mensch, der sein gutes Gewissen hat, geht nicht so schnell." Voller Selbstmitleid berichtet er dem Doctor von seiner Schwermut und Melancholie, die ihn besonders befalle, wenn er seinen „Rock an der Wand hängen sehe". Auch diese Bemerkung ist eine Wiederholung: In der Rasierszene erwähnt der Hauptmann gegenüber Woyzeck, dass er „kein Mühlrad mehr sehn" könne, ohne „melancholisch" zu werden. Der Doctor durchschaut den Weltschmerz des Hauptmanns als modische Attitüde und dummes Geschwätz. Doch seine herausfordernde Antwort – der Hauptmann sei „aufgedunsen" und „fett", habe einen „dicken Hals" und eine „apoplectische Constitution" – entlarvt nicht nur den Offizier, sondern auch ihn selber; der Hauptmann könnte „einen von den interessanten Fällen abgeben" und als Gegenstand der „unsterblichen Experimente" dienen. Gegenwärtig aber ist der Hauptmann im Vergleich mit dem Fall Woyzeck von minderem Interesse für den Mediziner. Dies zeigt sich, als Woyzeck hinzutritt. Die ungeteilte Aufmerksamkeit des beobachtenden Wissenschaftlers gilt jetzt dem „Phänomen" Woyzeck, seinem Puls, seinen Gesichtsmuskeln, seiner Körperhaltung.

Doctor: Menschen als Fälle

Demütigung Woyzecks durch den Hauptmann

Der Hauptmann, der sich mit einem grotesken Scherz („Hohlkopf" – „Einfalt") und nach bösen Titulierungen („Exercirzagel" – „Sargnagel") vom Doctor verabschiedet hat, wendet sich Woyzeck mit der Absicht zu, seinen „Spaß" zu haben. Er gefällt sich darin, Woyzeck durch Andeutungen zu verstehen zu geben, dass Marie ein Verhältnis mit dem Tambourmajor habe; sarkastisch sagt er zu Woyzeck: „Aber Er hat eine brave Frau. Geht ihm nicht wie andern." Der reagiert heftig auf diese Andeutungen. Er wird „kreideweiß", sein Puls geht „klein, hart, hüpfend, unregelmäßig", Gesichtsausdruck und Körperhaltung sind „starr" und „gespannt". Mit der wachsenden Gewissheit, dass Marie ihn betrügt, ergreift Woyzeck das Gefühl völliger Vereinsamung. Das Einzige, was er „auf der Welt" hat – Marie und das Kind –, wird ihm genommen. Die Welt wird für ihn zur Hölle, ein „eiskalter" Ort, an dem er keinen Menschen und keine Heimat mehr findet. So auf sich geworfen, verfällt er dem Grübeln, der Frage, ob „das Nein am Ja oder das Ja am Nein Schuld" sei. Der Wahnsinn greift nach ihm. Mit „breiten Schritten" verlässt er die Szene, „erst langsam dann im-

Woyzecks Einsamkeit

Wahnsinn als Ausdruck der Hoffnungslosigkeit

mer schneller“, und läuft, von Eifersucht und Hoffnungslosigkeit gepeinigt, seinem Schicksal entgegen.
Der Doctor „schießt ihm nach“, aber nicht, um ihm beizustehen, sondern um Woyzecks körperliche Reaktionen genau zu studieren. Der melancholische Hauptmann bleibt zurück; er hat seinen „Spaß“ an Woyzeck sowie dem Doctor und schaut ihnen nach: „Der Lange [= Woyzeck] ist der Blitz und der Kleine [= der Doctor] der Donner. Haha, hinterdrein. Grotesk! grotesk!“

Der soziale Sinn der Szene „Straße“		
Offizier	**Gegensatz**	Wissenschaftler
der Vornehme	**soziale Klasse**	der Bürger
Inaktivität Melancholie Sentimentalität Religion Moral	Lebensweise und Weltanschauung **Konflikt** Die Repräsentanten der Reichen kritisieren und bedrohen einander mit verletzender Ironie.	Aktivität Objektivität Rationalität Naturwissenschaft Sachlichkeit
Wechsel der Personenkonstellation		
Offizier und Wissenschaftler	**Gegensatz**	Woyzeck
Bündnis der Reichen	**soziale Klasse**	der Arme
Überlegenheit verspotten Woyzeck Inhumanität bedrohen Woyzeck	Einstellung und Verhalten **Konflikt** Der Widerspruch zwischen Reichen und Armen bestimmt die gesellschaftliche Situation.	Unterlegenheit wehrlos, verwirrt verunsichert, hilflos Flucht

Die Wachtstube

Eifersucht

Woyzeck findet keine Ruhe mehr und muss sich unbedingt Gewissheit über Marie und den Tambourmajor verschaffen. Er befindet sich mit Andres in der Wachtstube, die er aber verlässt, um „vor der Stadt" in den Wirtshäusern die Tanzenden zu beobachten.

Isolierung Woyzecks von Andres

Wie schon in der ersten Szene des Stückes, so wird auch hier deutlich, dass es zwischen Woyzeck und Andres zu keinem verständnisvollen Gespräch kommt. Erneut entzieht sich Andres seinem Kameraden dadurch, dass er ein Lied singt; er bemerkt nicht, dass er mit dem Text seinen Kameraden trifft:

> „Frau Wirthin hat n'e brave Magd,
> ...
> Sie sitzt in ihrem Garten,
> Bis daß das Glöcklein zwölfe schlägt,
> und paßt auf die Solda-aten."

Zu offensichtlich ist für Woyzeck die Parallele zu Marie und dem Tambourmajor.

Während Andres die Musik, der Tanz und „das Dampfen" der Menschen gleichgültig sind und er Woyzeck als „Narr" bezeichnet, weil dieser „kei Ruh" hat, fühlt Woyzeck eine innere Unruhe, die ihn zwingt, die Wachtstube zu verlassen. Dreimal versucht Woyzeck am Ende der Szene, Andres das Zwanghafte seines Tuns mitzuteilen: „Ich **muß** hinaus. [...] Ich **muß** fort. [...] Ich **muß** hinaus ..." Doch Andres bleibt unbeteiligt.

Wirthshaus I

Woyzeck ist zu einem der Wirtshäuser vor der Stadt gegangen. Im Gasthof wird getrunken und gesungen. Ein betrunkener Handwerksbursch grölt ein Lied („Meine Seele stinkt nach Branndewein ..."). Im Rausch wird er vulgär und sentimental: „Bruder, ich muß ein Regenfaß voll greinen. Ich wollt unse Nase wärn zwei Bouteille und wir könnte sie uns einander in de Hals gießen." Andere Gäste singen im Chor das Lied vom „Jäger aus der Pfalz".

Woyzeck beteiligt sich nicht an den Trinkexzessen; er steht am Fenster und beobachtet, wie Marie und der Tambourmajor vorbeitanzen. Zufällig hört er Maries

Worte: „Immer zu, immer zu." Woyzeck wiederholt betroffen diesen Ausruf, der ihm den Betrug Maries zur Gewissheit werden lässt. Niedergeschlagen sinkt er auf einer Bank am Fenster zusammen. In diesem Augenblick, da er weiß, dass er Marie an den Tambourmajor verloren hat, erscheint ihm die Welt als ein Ort allgemeiner Unzucht: „Warum bläßt Gott nicht die Sonn aus, daß Alles in Unzucht sich übernanderwälzt, Mann und Weib, Mensch und Vieh."

Woyzecks Gewissßheit: Marie und der Tambourmajor haben ihn betrogen

Der betrunkene erste Handwerksbursch schließt die Szene mit einer grotesken Predigt. Zwar entlehnt er einzelne Formulierungen aus der Bibel – so stammen die Worte „Aber wahrlich ich sage euch ..." z. B. aus der Bergpredigt –, doch handelt es sich bei der Rede des Handwerksburschen um eine Predigt-Parodie. Die Frage, warum der Mensch von Gott geschaffen worden sei, beantwortet der „Prediger" folgendermaßen:

Die groteske Predigt des Handwerksburschen

Materielle Grundbedürfnisse als Grund der Schöpfung

> „...von was hätte der Landmann, der Weißbinder, der Schuster, der Arzt leben sollen, wenn Gott den Menschen nicht geschaffen hätte? Von was hätte der Schneider leben sollen, wenn er dem Menschen nicht die Empfindung der Schaam eingepflanzt, von was der Soldat, wenn Er ihn nicht mit dem Bedürfniß sich todtzuschlagen ausgerüstet hätte?"

Diese Ausführungen beantworten nicht die gestellte Frage, verdeutlichen jedoch, dass der Lauf der Welt von (materiellen) Bedürfnissen und deren Befriedigung durch die Arbeit einzelner Berufsgruppen bestimmt wird. Die Welt reibt sich in diesem sinnlosen Mechanismus auf, alles, sogar das Antriebsmittel Geld, „geht in Verwesung über." Grotesk auch die abschließende Aufforderung des Predigers an seine „geliebten Zuhörer", „noch über's Kreuz [zu] pissen, damit ein Jud stirbt". Wie das „Handwörterbuch des deutschen Aberglaubens" von Hanns Bächtold-Stäubli berichtet, greift der Handwerksbursch damit eine abergläubische Vorstellung des christlichen Antisemitismus auf.

Wie in der Jahrmarktsszene der Ausrufer und der Marktschreier, so kommentiert hier der erste Handwerksbursch den Zustand der menschlichen Zivilisation und die Lage Woyzecks. Allerdings ist seine groteske Predigt enger auf die Psychologie Woyzecks in dieser konkreten Situation

Die Predigt und Woyzecks psychische Situation

bezogen, als das beim Ausrufer und Marktschreier der Fall ist. Woyzeck empfindet die Welt als ein Getriebe animalischer Begierde und sinnloser Unbeständigkeit, die Menschen als egoistisch, triebhaft, aggressiv.

Freies Feld und Nacht

Woyzecks Wahnvorstellung: Befehl, Marie zu töten

Woyzecks Isolierung von Andres

In den beiden folgenden, sehr kurzen Szenen wird Woyzeck von der Musik aus dem Wirtshaus und Maries Ausruf „Immer zu!“ weiter verfolgt. Eine Wahnidee ergreift von ihm Besitz: Stimmen aus der Erde, dem Wind und der Zimmerwand befehlen ihm, Marie zu erstechen. Für Marie verwendet er die Bezeichnung „Zickwolfin“ (Ziege + Wölfin) und unterstreicht damit die animalische Sinnlichkeit Maries. Andres, mit dem Woyzeck in der Szene ‚Nacht‘ ein Bett teilt, fühlt sich im Schlaf gestört und empfiehlt Woyzeck: „Du mußt Schnaps trinke und Pulver drin, das schneidt das Fieber.“ Er versteht die psychische Verfassung Woyzecks nicht und kann ihm nicht helfen. Woyzeck ist völlig auf sich selbst zurückgeworfen.

Wirthshaus II

Konfrontation der Rivalen: Woyzeck und der Tambourmajor

Die zweite Wirtshausszene des Stückes konfrontiert Woyzeck mit seinem Rivalen, dem Tambourmajor.
Er versucht, dem Tambourmajor zu widerstehen, indem er sich weigert, den ihm aufgedrängten Schnaps zu trinken. Woyzeck antwortet dem Tambourmajor nicht und „pfeift“ demonstrativ, um so zu zeigen, wie gleichgültig dieser ihm ist. Bei der anschließenden Schlägerei unterliegt Woyzeck dem Tambourmajor, muss also eine weitere Demütigung hinnehmen. Woyzecks die Szene beendende Bemerkung: „Eins nach dem andern.“ ist doppeldeutig. Einerseits kann es sein, dass Woyzeck ausdrücken will, der Tambourmajor habe ihn erst gegenüber Marie sexuell gedemütigt und ihm jetzt körperlichen Schmerz zugefügt, wobei Woyzecks Unterlegenheit erneut gezeigt worden sei. Andererseits kann in der Äußerung Woyzecks Entschluss gesehen werden, sich zunächst an Marie, dann am Tambourmajor zu rächen.
Der Tambourmajor stellt in dieser Szene erneut seine körperliche Überlegenheit zur Schau. Wieder gelingt

es ihm, dem weiblichen Geschlecht zu imponieren. Die beiden Frauen, welche die Schlägerei beobachten und gegen Ende der Szene Woyzecks Niederlage kommentieren, zeigen kein Mitgefühl mit dem Unterlegenen. Hingegen scheint sie die großsprecherische und mit vulgären Kraftwörtern um sich werfende, trinkfeste, rohe und aggressive Männlichkeit des Tambourmajors zu beeindrucken.

Imponiergehabe des Tambourmajors

Kramladen

In einem Kramladen ersteht Woyzeck bei einem Juden ein Messer. Der Jude äußert die Vermutung, Woyzeck wolle sich töten. Der Zuschauer, der die Zusammenhänge kennt, sieht darüber hinaus die Möglichkeit, dass Woyzeck das Messer als Waffe gegen Marie oder den Tambourmajor gebrauchen und den Stimmen, die ihm zu morden befehlen, folgen wird.

Woyzecks Plan: Selbstmord oder Mord?

Kammer III

Marie liest in der Bibel. Sie hat das Kind bei sich, das sie dem Narren Karl, der hier zum ersten Mal auftritt, überlässt. Er liegt vor Maries Kammer in der Sonne, spielt mit seinen Fingern und äußert unzusammenhängende Sätze aus verschiedenen Märchen (Der Froschkönig, Rumpelstilzchen, Gevatter Mysel und Gevatter Löwwerwirstel). Marie blättert in der Bibel und findet dabei drei Textstellen, die sie auf sich bezieht. Da ist zunächst 1. Petr. 2, 22: „... welcher [Jesus] keine Sünde getan hat, ist auch kein Betrug in seinem Munde erfunden ..." Marie bezieht die Christus zugeschriebene Freiheit von Sünde und Betrug auf ihr Verhalten und weiß, dass sie gegen diesen Maßstab nicht bestehen kann. Sie hat Woyzeck betrogen und wertet den Betrug nicht als bloßes Fehlverhalten, sondern als Sünde, als Verstoß gegen göttliche Gebote, der nach Sühne verlangt.

Biblische Parallelen zu Maries Situation

Die zweite Bibelstelle – der Beginn des 8. Kapitels des Johannes-Evangeliums – kann von Marie noch direkter auf sich bezogen werden. Johannes schreibt, dass die Schriftgelehrten und Pharisäer eine Frau zu Christus bringen, die Ehebruch begangen hat: „Mose aber hat uns im Gesetz geboten, solche zu steinigen; was sagest

Du?“ (V. 5) Christus antwortet der Frau: „So verdamme Ich dich auch nicht; gehe hin und sündige hinfort nicht mehr.“ (V. 11) Marie versteht das „Urteil“ so, dass die Vergebung der Sünde davon abhängig gemacht wird, dass die Frau zukünftig nicht mehr sündigt. In ihrer Beziehung zu Woyzeck glaubt Marie diesem göttlichen Befehl nicht gehorsam sein zu können, was folglich bedeutet, dass sie verdammt ist. Hoffnung schöpft Marie allerdings aus der bei Lukas (Kapitel 7) überlieferten Geschichte einer „Sünderin“ – nach katholischer Lehre handelt es sich um Maria (!) Magdalena –, von der es heißt, dass sie zu Christus trat „und weinte, und fing an, seine Füße zu netzen mit Tränen und mit den Haaren ihres Haupts zu trocknen, und küßte seine Füße, und salbte sie mit Salbe“ (V. 38). Christus vergibt ihr ihre Sünden (V. 48) und spricht zu ihr: „Dein Glaube hat dir geholfen, gehe hin mit Frieden.“ (V. 50)

Caserne

Woyzecks Isolierung von Andres

Woyzeck „kramt in seinen Sachen“. Seine Äußerungen dabei vermitteln dem Zuschauer den Eindruck, er wolle seinen bescheidenen Besitz ordnen und seinen letzten Willen vorbereiten. Andres, der Woyzeck zuschaut, begreift seinen Kameraden nicht, doch hat er das Gefühl, dass etwas Entscheidendes und Grauenhaftes in Woyzeck vorgeht; Andres ist „ganz starr“ und „sagt zu Allem: Ja wohl“. Erneut gibt er Woyzeck den Rat, Schnaps zu trinken „und Pulver drin“, um sein Fieber zu senken.

Biblische Parallelen zu Woyzecks Leidensgeschichte

Wie in der vorausgegangenen Szene in Maries Kammer, so sind auch in dieser Szene Anspielungen auf biblische Vorgänge unüberhörbar. Woyzeck sieht sich als Leidender, der, wie Christus, seine Passionsgeschichte hat. Auf einem Heiligenbild, das Woyzeck von seiner Mutter bekommen hat, stehen Verse, die er auf sein Leben und insbesondere seine jetzige Situation als der von Marie Betrogene bezieht:

> „Leiden sey all mein Gewinst,
> Leiden sey mein Gottesdienst.
> Herr wie dein Leib war roth und wund,
> laß mein Herz seyn aller Stund.“

Mit düsteren Worten beschließt Woyzeck die Szene. Er verwendet erneut das Bild der „Hobelspän", auf die Tote gebettet werden: „... es weiß niemand, wer sein Kopf drauf lege wird." Wird es der Tambourmajor sein? Oder Marie? Oder Woyzeck?

Der Hof des Doctors

Die beiden folgenden Szenen (‚Der Hof des Doctors' und ‚Marie mit Mädchen vor der Hausthür') stehen vor der Mordtat, doch erschöpft sich ihre Funktion nicht in der Retardation des dramatischen Geschehens. Zunächst wird Woyzeck in drastischer Form als Opfer vorgeführt, als Demonstrationsobjekt in einer medizinischen Vorlesung des Doctors. Dann wird mit dem Märchen der Großmutter das Geschehen gleichnishaft interpretiert.

Dramatische Retardation

Woyzeck als Opfer

Das Märchen der Großmutter als Interpretation des Stückes

In dieser Szene erlebt der Zuschauer den Doctor als akademischen Lehrer, der seinen Studenten eine Vorlesung mit anschaulichen Experimenten bietet. Mit Woyzeck und einer Katze befindet er sich „am Dachfenster", die Studenten stehen „unten" im „Hof des Doctors". Der Doctor beginnt die Vorlesung mit den Worten: „Meine Herren, ich bin auf dem Dach, wie David, als er die Bathseba sah; aber ich sehe nichts als die culs de Paris der Mädchenpension im Garten trocknen." Dieser Satz ist kennzeichnend für den Stil des Doctors. Er verknüpft eine ernsthaft und tiefsinnig klingende Anspielung auf die biblische Geschichte mit einem groben Hinweis auf die im Garten des benachbarten Mädchenpensionats trocknenden Höschen.

Grotesker Vorlesungsstil des Doctors

> „Und es begab sich, daß David um den Abend aufstund von seinem Lager, und ging auf dem Dach des Königshauses, und sah vom Dach ein Weib sich waschen; und das Weib war sehr schöner Gestalt."
> (2. Samuel, 11, 2)

Diese groteske Kombination soll seinen Ausführungen einen witzigen, publikumswirksamen Ton geben. Es entsteht der Eindruck, als werde der Stil universitärer Vorlesungen parodiert. Er fährt fort mit der angeblich „wichtigen Frage über das Verhältniß des Subjects zum Object" und redet von der „organische Selbstaffirmation des Göttlichen" sowie ihrem „Verhältniß zum Raum, zur Erde, zum Planetarischen". Der Doctor möchte den

Studenten eine solche „Selbstaffirmation“, nämlich eine Katze, zeigen und ihr „Verhältniß [...] zur Erde“ (= die Schwerkraft) dadurch demonstrieren, dass er sie aus dem Dachfenster wirft. Woyzeck, der ihm dabei helfen soll, wird von der Katze gebissen. Der Doctor benutzt diesen Vorfall, um die Aufmerksamkeit der Studenten von der Katze abzulenken und auf Woyzeck zu richten, der zittert, sich setzen muss, weil ihm „dunkel“ vor den Augen wird. Der Doctor führt Woyzecks Schwächezustand auf die Erbsendiät zurück, die er ihm verordnet hat, und fordert die Studenten auf, die bemerkenswerten Wirkungen an Woyzeck zu studieren: „Meine Herren, [...] sehn Sie, der Mensch, seit einem Vierteljahr ißt er nichts als Erbsen, beachten Sie die Wirkung, fühlen Sie einmal was ein ungleicher Puls, da und die Augen.“ Noch einen besonderen Spaß hält der Doctor für die Studenten bereit; er lässt Woyzeck die Ohren bewegen und kommentiert dies Kunststück mit den Worten: „... das sind so Uebergänge zum Esel“.

Woyzecks Schwächezustand als Folge der Erbsendiät

Demütigung Woyzecks

Woyzeck wird zum Tier erniedrigt. Er ist Versuchskaninchen und Demonstrationsobjekt. Völlig hilflos ist er den Demütigungen des Doctors ausgesetzt. Die Woyzeck im wissenschaftlichen Interesse verordnete Erbsendiät ruft bei ihm einen allgemeinen Schwächezustand hervor; beobachtbare Symptome sind Zittern, Herz- und Kreislaufstörungen, Sehschwäche und Haarausfall. Es liegt nahe, auch Woyzecks Wahnvorstellungen auf das medizinische Experiment zurückzuführen. Wenn man diesen körperlichen und seelischen Zustand Woyzecks zusammen mit seiner sozialen Lage, den Demütigungen, die ihm der Hauptmann, der Doctor und der Tambourmajor zufügen, der Untreue Maries und seiner Eifersucht sieht, ergibt sich die Frage, ob er noch Herr seiner Entscheidungen ist und für die Konsequenzen seines Tuns verantwortlich gemacht werden kann.

Woyzecks Wahnsinn als Folge der Erbsendiät

Zurechnungsfähigkeit Woyzecks

Marie mit Mädchen vor der Haustür

Diese Szene vor Maries Haus wird von einem Spiel mehrerer Kinder eröffnet, die sich abwechselnd auffordern, ein Lied zu singen. Schließlich bitten alle Kinder Marie, ihnen ein Lied vorzusingen. Doch Marie entzieht sich, indem sie die Großmutter ein Märchen erzählen lässt.

Als die Großmutter ihre Erzählung beendet hat, tritt Woyzeck auf, um Marie abzuholen.

Im Märchen der Großmutter kann man Anklänge an „Die Sterntaler“ und „Die sieben Raben“ der Brüder Grimm entdecken. Insgesamt gesehen, handelt es sich bei der Erzählung der Großmutter allerdings nicht um ein Märchen, sondern eher um ein Anti-Märchen, da sie die Gattungsmerkmale des Märchens nicht erfüllt. Das „arm Kind“, das „ganz allein“ auf der Welt ist und für das sich der Mond als „ein Stück faul Holz“, die Sonne als „ein verreckt Sonneblum“, die Sterne als aufgespießte „klei golde Mück“ und die Erde als „ein umgestürzter Hafen“ („Hafen“ ist ein oberdeutsches Wort für Topf) entpuppen, spiegelt mit seiner Einsamkeit, seinem Unglück und der Erfahrung der Leere und Sinnlosigkeit der Welt das Leben und die Situation Maries und Woyzecks.

Das Anti-Märchen der Großmutter: Spiegel der Situation Woyzecks und Maries

Sinn- und Ziellosigkeit des Lebens Woyzecks und Maries

Als Woyzeck auftritt, erschrickt Marie (vgl. die Bühnenanweisung), vordergründig, weil er mehrere Tage nicht gekommen (vgl. die letzte Kammerszene) und jetzt plötzlich da ist, aber auch wegen der düsteren Atmosphäre, die das Märchen der Großmutter geschaffen hat, und der Ungewissheit, was das plötzliche Auftauchen Woyzecks zu bedeuten hat. Die drei letzten Zeilen dieser Szene vermitteln dem Zuschauer das Grauen, welches von Woyzeck und Marie Besitz ergriffen hat:

> WOYZECK: „Marie wir wolln gehen. S' ist Zeit.“
> MARIE: „Wohinaus?“
> WOYZECK: „Weiß ich's?“

Die Doppeldeutigkeit der Äußerung „S' ist Zeit“ setzt sich fort im letzten Wortwechsel.

Weder Woyzeck noch Marie sind in der Lage, sich sprachlich über ihre Beziehung, ihr Denken, Fühlen und Handeln Klarheit zu verschaffen. Ihr Gespräch besteht aus kurzen Sätzen, deren Bedeutung unklar ist. Der Zuschauer muss sie zu sinnvollen Aussagen ergänzen, zu denen Woyzeck und Marie in ihrer Sprachlosigkeit nicht fähig sind.

Sprachlosigkeit Woyzecks und Maries

Abend. Die Stadt in der Ferne

Die bedrückende Sprachlosigkeit der beiden Hauptfiguren wird in der Mordszene noch deutlicher. Sie spielt außerhalb der Stadt. Es ist dunkel. Marie möchte heimgehen, Woyzeck ist ihr unheimlich, aber er zwingt sie, zu bleiben und sich zu setzen. Sie sprechen nicht über den Tambourmajor und Maries Betrug; dazu gibt es nichts zu sagen:

> MARIE: „Was sagst du?"
> WOYZECK: „Nix." (Schweigen)

Der Mord

Wohl aber deutet Woyzeck mehrere Male seine Absicht an, Marie zu töten. Zunächst fordert er sie auf zu bleiben und fügt hinzu, sie werde sich „die Füß nicht wund laufen". Dann fragt er sie, ob sie wisse, „wie lang" ihr Verhältnis „noch seyn" werde. Ihre Lippen seien heiß von ihrem „Hurenathem", und doch möchte er „den Himmel geben sie noch einmal zu küssen"; sie werde „vom Morgenthau nicht frieren". Schließlich vergleicht er die rote Farbe des aufgehenden Mondes mit einem blutigen Eisen. Gleich darauf zieht er das Messer und sticht mehrere Male zu. Da einige „Leute" kommen, entfernt er sich schnell vom Tatort.

Es kommen Leute

Die Szene zeigt das Gespräch zweier Personen, die die Mordgeräusche hören und zum Tatort eilen, obwohl sie zunächst nicht an einen Mord glauben wollen: „Es ist das Wasser, es ruft, schon lang ist Niemand ertrunken." Ihre vom Aberglauben bestimmten Äußerungen verstärken die grausige Atmosphäre, die für den Zuschauer durch die Mordszene geschaffen worden ist, entsprechend der Bemerkung der zweiten Person: „Es ist unheimlich, so dunstig, allenthalb Nebel, grau und das Summen der Käfer wie gesprungne Glocken."

Grausige Atmosphäre

Das Wirthshaus III

Vergebliche Fluchtversuche Woyzecks

Woyzecks Selbstverrat im Wirtshaus

Woyzeck ist nach der Tat ins Wirtshaus geflohen. Dort singt und tanzt er; auch hat er bereits eine Frau, Käthe, gefunden. Doch es gelingt ihm nicht, seiner Tat zu entfliehen und sich im Wirtshaus zu betäuben; es drängt ihn, seine Tat zu verraten. Zunächst ruft er den Gästen zu, der Tod werde sie „doch einmal Alle" holen. Dann entsetzt er Käthe mit den Worten, sie werde „auch noch kalt werden“ und man könne „auch ohne Schuh in die Höll gehn“. (Käthe singt ein Lied, in dem es heißt, dass „spitze Schuh“ einer „Dienstmagd“ nicht zukommen.) Als Käthe sich ihm daraufhin mit einer weiteren Liedstrophe entzieht („Behalt dei Thaler und schlaf allein.“), lässt Woyzeck sich zu der Äußerung hinreißen, er wolle sich an ihr „nicht blutig machen“. Damit hat er sich verraten, denn jetzt fallen Käthe und den anderen Gästen die Blutspuren an seiner Hand und am Ellenbogen auf. Unbeabsichtigt sagt der Narr das Entscheidende, der, wie schon in einer Kammerszene, Sätze aus Märchen daherplappert: „Und da hat der Ries gesagt: ich riech, ich riech, ich riech Menschefleisch. Puh! Das stinkt schon.“ Woyzeck bezieht das sinnlose Gerede des Narren auf den Mord an Marie und flieht voller Angst aus dem Wirtshaus, nicht ohne vorher die anderen Gäste des Wirtshauses beschimpft zu haben: „Bin ich Mörder? Was gafft ihr! Guckt euch selbst an!“ Die Menschen kommen ihm wie das Böse vor, das ihn in seine Tat getrieben hat.

Abend. Die Stadt in der Ferne und Woyzeck an einem Teich

Monologe Woyzecks

Diese beiden Szenen gehören inhaltlich und formal eng zusammen. Woyzeck tritt allein auf, er spricht zwei Monologe. Es geht ihm darum, die Mordwaffe zu finden und in einem Teich unauffindbar zu versenken, weil sie ihn verraten könnte. Auch will er sich im Wasser die Blutspuren abwaschen. Beide Monologe geben Einblick in seine innere Verfassung, sie spiegeln seine große Verwirrtheit. In der ersten Szene sieht sich Woyzeck der Leiche der von ihm getöteten Marie gegenüber. Er spricht sie an:

> „Was bist du so bleich, Marie? Was hast du eine rothe Schnur um den Hals? Bey wem hast du das Halsband verdient, mit deinen Sünden? Du warst schwarz davon, schwarz! Hab ich dich jetzt gebleicht. Was hänge die schwarze Haar, so wild? Hast du die Zöpfe heut nicht geflochten?“

Sinnlosigkeit

Woyzeck richtet fast nur Fragen an die Tote, die Sünderin, die er töten musste und deren schwarzes Haar ihm immer noch ein Symbol ihrer Verderbtheit zu sein scheint.

Rationalität und Wahnsinn

An Woyzecks zweitem Monolog fällt das Nebeneinander rationaler Überlegungen und wahnhafter Vorstellungen auf. Es ist aus der Perspektive eines Mörders, der nicht entdeckt werden will, durchaus vernünftig, die Blutspuren und die Tatwaffe zu beseitigen. Woyzeck denkt sogar daran, das Messer weit in den Teich hineinzuwerfen: Am Rande des Teiches könnte es von Badenden leichter gesehen werden. Andererseits spürt er überall die Gefahr, entdeckt zu werden. Er fürchtet, dass „die ganze Welt" mit Stimmen erfüllt wird, die sein Verbrechen „ausplaudern". Der Mond, den er erneut, wie schon kurz vor der Tat, mit einem blutigen Eisen vergleicht, scheint seine Tat an den Himmel zu schreiben!

Straße und **Gerichtsdiener. Arzt. Richter**

Sensationslust

Beide Szenen zeigen Reaktionen auf die Entdeckung der Leiche. In der ersten Szene unterhalten sich einige Kinder über den Mord, in der zweiten treten „Experten" auf, die mit dem Fall befasst sind. Bei beiden Personengruppen herrscht Sensationslust vor. Die Kinder wollen so schnell wie möglich zum Tatort, um die Leiche noch sehen zu können; der Gerichtsdiener redet geradezu begeistert von diesem „guten", „ächten" und „schönen" Mord. Alle, die Experten und die Öffentlichkeit, die Kinder und die Erwachsenen, spüren die Faszination, die von einem brutalen Mord ausgeht.

Der Idiot. Das Kind. Woyzeck

Wozyecks Einsamkeit

Woyzeck kehrt noch einmal nach Hause zurück. Er will sein Kind sehen und ihm mit einem Reiter eine Freude bereiten. Aber das Kind lehnt den Vater ab. Es „wendet sich weg und schreit", es „wehrt sich" gegen Woyzeck, der am Ende der Szene entsetzt den Narren mit dem Kind fortschickt. Ohne das Kind ist Woyzeck am Schluss des Stückes völlig allein, wie das Kind im Märchen der Großmutter: „[Es] war ganz allein und da hat sich's hingesetzt und geweint und da sitzt es noch und ist ganz allein."

Idiotie des Lebens

Das letzte Wort hat der Idiot, wie der Narr in dieser Szene genannt wird. Erneut spricht er, ohne es zu wollen, die Wahrheit. Sein „Der is in's Wasser gefalln" ist ein Abzählreim für Kinder, sagt aber auch die Wahrheit über Woyzeck.

Zur Thematik des „Woyzeck“

Büchner befasst sich im „Woyzeck“ mit mehreren Themen, die im Stück dadurch zusammengehalten werden, dass sie an die Hauptfigur und die Personen ihres sozialen Umfelds geknüpft sind. Einige dieser thematischen Aspekte werden von Büchner auch in seinen anderen schriftstellerischen Arbeiten behandelt: Einsamkeit, Wahnsinn und Sprachlosigkeit in „Lenz“, die soziale und politische Problematik im „Hessischen Landboten“, der entscheidende Einfluss der Verhältnisse auf das Leben und Handeln des einzelnen Menschen in „Dantons Tod“, die Langeweile in „Leonce und Lena“. Den inhaltlichen Rahmen bildet die Eifersuchts- und Mordgeschichte.

Eifersucht

Eifersucht ist für Büchners „Woyzeck“ ein zentrales Motiv, so dass ein wesentlicher Aspekt der Thematik dieses Stückes erfasst ist, wenn man es als Eifersuchtstragödie bezeichnet.

Einfache äußere Handlung

Der Inhalt des Eifersuchtsdramas lässt sich in wenigen Sätzen zusammenfassen. Marie, Woyzecks Geliebte, betrügt Woyzeck mit einem Tambourmajor. Woyzeck erfährt von dem Betrug. Er kann sich gegen den Tambourmajor nicht durchsetzen und tötet Marie. Die einfache Struktur der äußeren Handlung darf jedoch den Blick für die Komplexität der Situation und des Geschehens nicht trüben. Obwohl Büchner nur wenige, teilweise sehr kurze Szenen oder Andeutungen auf das Thema „Eifersucht“ verwendet, werden die Lage der Hauptpersonen (Woyzeck, Marie) und der Gang der Ereignisse sozial und psychologisch umfassend verdeutlicht.

Diskriminierende Angriffe auf Woyzeck und Marie

Der einfache Soldat Woyzeck lebt in einer Garnisonsstadt. Er hat ein Kind mit seiner Geliebten Marie, ohne mit ihr verheiratet zu sein. Deshalb sind beide Angriffen ihrer Umwelt ausgesetzt. Der Hauptmann vertritt gegenüber Woyzeck die Auffassung der Kirche, der gesellschaftlichen Institution, welche die höchste moralische

Autorität verkörpert: Woyzeck sei amoralisch, da er ein Kind ohne den Segen der Kirche habe. Marie sieht sich den Vorwürfen ihrer Nachbarin Margreth ausgesetzt, die ihr gegenüber die populäre, von Neid, Bosheit und Vorurteilen bestimmte Meinung vertritt, sie sei nicht „honett", d. h. unanständig und verdorben. Doch sind es nicht diese diskriminierenden Äußerungen anderer, welche die Beziehung zwischen Marie und Woyzeck gefährden.

Maries unbefriedigendes Leben mit Woyzeck

Warum wendet sich Marie dem Tambourmajor zu? Ein wesentlicher Grund ist, dass Marie mit Woyzeck kein befriedigendes Leben führen kann. Er ist nur selten bei ihr und kann sich nicht intensiv um das Kind kümmern. Seine Pflichten als Soldat und mehrere Nebentätigkeiten, die dem Gelderwerb dienen – das Schneiden der Stöcke, das Rasieren des Hauptmanns, die medizinischen Experimente beim Doctor –, zwingen Woyzeck zu langer Abwesenheit von Marie und dem Kind. In mehreren Szenen des Stückes wird gezeigt, dass er nur kurz bei ihnen vorbeischauen kann, weil er zum Dienst oder zur Arbeit muss. Das Geld, das Woyzeck dabei verdient, reicht nicht aus, um Marie und dem Kind größere Geschenke machen zu können. Zwar weiß Marie, dass es ungerecht ist, Woyzeck vorzuwerfen, er verbringe nur wenig Zeit bei ihr und mache ihr keine Geschenke; aber sie glaubt doch, ein „natürliches Recht" auf die Bemühungen und Werbungen eines Mannes zu haben, der ihr sehr viel Zeit widmet und ihr Geschenke macht – wie der Tambourmajor.

Hinzu kommt, dass Woyzeck kein imposanter Mann und durch die medizinischen Experimente körperlich geschwächt ist. Er kann ihre sexuellen Bedürfnisse nicht befriedigen. Büchner unterstreicht diesen Umstand noch dadurch, dass er Marie als eine sehr sinnliche, elementartriebhafte, fast animalische Frau charakterisiert.

Sexuelle Bedürfnisse Maries

Woyzecks psychischer Zustand

Marie ist nicht imstande, angemessen auf Woyzecks Grübeleien, Visionen und Ängste zu reagieren. Sie sieht lediglich, dass dadurch die Gespräche mit ihm erheblich erschwert werden und er sie in Unruhe und Schrecken versetzt. Der Tambourmajor hingegen erfreut sich vorzüglicher körperlicher Gesundheit. Jeglichem Nachdenken und Spekulieren abgeneigt, ist er ganz dem alltäglichen diesseitigen Leben verhaftet. „Ein Mann, wie ein Baum" steht er „auf seinen Füßen wie ein Löw". Seine

Vorzüge des Tambourmajors

Triebhaftigkeit trifft sich mit derjenigen Maries, einer Frau, die er für geeignet hält „zum Fortpflanzen von Kürassierregimenter und zur Zucht von Tambourmajors“. Er weiß, dass er in seiner Paradeuniform besonders imposant wirkt, und er versteht es immer, sich eindrucksvoll in den Vordergrund zu drängen.
Diesem Tambourmajor kann Marie nicht widerstehen; er erfüllt ihre „natürlichen“ Bedürfnisse nach Sinnlichkeit, körperlicher Gesundheit, seelischer Unkompliziertheit, Luxus, Genuss und gemeinsamem Leben.

Entwicklung der Eifersucht Woyzecks

Woyzeck schöpft zum ersten Mal Verdacht, als er die Ohrringe bei Marie entdeckt. Er ist zunächst bereit, sein Misstrauen zu unterdrücken, wobei weniger der offensive Ton Maries ihm gegenüber entscheidet als vielmehr sein Wunsch, dass es nicht wahr sein möge. Die Anspielungen des Hauptmanns geben Woyzeck jedoch einen Grad an Gewissheit, den er nicht mehr herunterspielen kann. Seine Verzweiflung und das Unglück der Erkenntnis sprechen aus den Worten: „Herr Hauptmann, ich bin ein arm Teufel, – und hab sonst nichts auf der Welt Herr Hauptmann, wenn sie Spaß machen –“.
Der Hauptmann demütigt Woyzeck, indem er mit ihm seinen „Spaß“ treibt und ihn wegen der Untreue Maries verspottet; Woyzeck kann sich gegen den militärischen Vorgesetzten und den sozial Höherstehenden nicht wehren. Auch gegen den Tambourmajor vermag er sich wegen dessen körperlicher Überlegenheit nicht durchzusetzen; der Tambourmajor schlägt ihn nieder und verhöhnt ihn mit der ebenso triumphierenden wie vulgären Bemerkung: „Soll ich dir noch soviel Athem lassen als en Altweiberfurz, soll ich?“

Der Mord

Woyzeck sieht keine Möglichkeit mehr, Marie zurückzugewinnen. Da er sie nicht dem Tambourmajor überlassen will, findet er keinen anderen Ausweg, als Marie zu töten.

Einsamkeit

Marie als Halt für Woyzeck

Woyzeck empfindet den Mord an Marie nicht als befreiende Tat, als Genugtuung oder Triumph der Rache. Er fühlt sich eher gezwungen, Marie zu töten: Woyzeck ist ein „unglücklicher Mörder“. Noch im Augenblick der Tat möchte er „den Himmel geben", die Lippen Maries „noch einmal zu küssen". Der Mörder ist zugleich Opfer, dem durch den Mord alles genommen wird; er hat „nichts auf der Welt". Wie das Kind im Märchen der Großmutter ist er nach der Tat „ganz allein", denn er verliert das Einzige, was er hat, und ist am Schluss des Stückes völlig vereinsamt. Vor der Untreue Maries klammert er sich an seine Geliebte und sein Kind; sie bieten ihm einen gewissen Halt in einer Welt, in der er sich unsicher, verfolgt, geängstigt und einsam fühlt.

Woyzecks gesellschaftliche Isolierung ist umfassend. Die Personen seiner Umwelt, insbesondere der Hauptmann, der Doctor und Andres, verstehen Woyzeck nicht; sie stehen ihm fern und verhalten sich ihm gegenüber gleichgültig, ja feindselig.

Woyzecks Verhältnis zum Hauptmann

Das ist nicht verwunderlich im Falle des Hauptmanns. Er ist der militärische Vorgesetzte Woyzecks, der zwischen sich und seinem Untergebenen eine unüberbrückbare Kluft sieht, sich aber auch nicht bemüht, sie zu überwinden. Die Unterhaltung mit Woyzeck bietet ihm eine gewisse Abwechslung; er benutzt sie dazu, seine Rolle als Vorgesetzter um das Vergnügen zu erweitern, dass er Woyzeck belehren und beschimpfen, ihn verspotten und demütigen kann. An keiner Stelle lässt er erkennen, dass er Woyzeck zu verstehen bemüht ist, ganz zu schweigen von Versuchen, ihm zu helfen. Ist er im Gespräch mit Woyzeck „gerührt", so nur deshalb, weil er ihn herablassend immer wieder als „ein guter Mensch" titulieren kann, wodurch er sich seine eigene moralische Überlegenheit beweist. Resigniert geht Woyzeck der Auseinandersetzung mit dem Hauptmann aus dem Wege, fügt sich in seine Rolle als Untergebener (vgl. das monotone „Ja wohl, Herr Hauptmann" in der Rasierszene), beendet eine unergiebige Diskussion mit seinem Vorgesetzten durch den Hinweis auf die soziale Distanz zwischen den beiden („Aber ich bin ein armer Kerl.") oder versucht, sich durch Flucht den Demütigungen vonseiten des Hauptmanns zu entziehen: Er läuft weg, um die bösartigen Anspielungen auf Marie und den Tambourmajor nicht länger anhören zu müssen.

Woyzecks Verhältnis zum Doctor

Auch der Doctor möchte seinen „Spaß" mit Woyzeck haben. Es bereitet ihm sichtlich Freude, ihn seinen Studenten vorzuführen, indem er ihn auffordert, seine Ohren zu bewegen. Der Doctor hat keinerlei Gespür dafür, welche Erniedrigung er Woyzeck damit zufügt; er ist lediglich daran interessiert, seinen Studenten eine anschauliche und durch „Späße" aufgelockerte Vorlesung zu bieten. Er behandelt Woyzeck wie ein witziges Zitat oder eine Katze, die zu experimentellen Zwecken aus dem Fenster geworfen werden soll. Woyzeck findet keinerlei Mitleid und keine Gesprächsmöglichkeit bei diesem Wissenschaftler, so dass ihm nur ein resigniertes „Ach Herr Doctor!" bleibt. Eine emotionale Regung gegenüber Woyzeck zeigt der Doctor nur, wenn Woyzeck durch sein Verhalten die medizinischen Experimente gefährdet. Doch ist der „Affect" des Mediziners keineswegs ein Zeichen des Mitgefühls oder auch nur der Einfühlung in Woyzeck, sondern vielmehr des Ärgers darüber, dass der „interessante casus", das „Subject Woyzeck" sich nicht immer so verhält wie ein Versuchstier oder ein lebloser Experimentiergegenstand. Alle Bemühungen Woyzecks, ein Gespräch zu eröffnen, werden vom Doctor konsequenterweise überhört oder als unsachliches Philosophieren verunglimpft.

Woyzecks Isolierung von Andres

Überraschenderweise ist Woyzeck auch von Andres isoliert, obwohl beide gemeine Soldaten sind, sich also innerhalb der militärischen Hierarchie in der gleichen Lage befinden. Büchner unterstreicht ihre soziale und körperliche Nähe an mehreren Stellen: Gemeinsam müssen sie in der Eröffnungsszene Stöcke schneiden; in der Kaserne schlafen sie sogar in einem Bett. Um so auffälliger ist es, dass Andres den Gemütszustand Woyzecks nicht nachempfinden kann und es nicht zu einem verständnisvollen Gespräch der beiden kommt. Als Woyzeck seinem Kameraden von den Stimmen berichtet, die ihn auffordern zuzustechen, oder ihm gegenüber eine Art letzten Willen verfügt, weiß Andres für ihn keinen anderen Rat, als Schnaps mit einem Pulver zu trinken, damit das Fieber zurückgehe, d.h. Andres führt Woyzecks Verhalten auf eine fiebrige Erkrankung zurück, die man mit einer einfachen Medizin bekämpfen könne. Andres ahnt nichts von Maries Untreue und den Demütigungen, denen Woyzeck vonseiten des Hauptmanns, des Doctors und des Tambourmajors ausgesetzt ist; er will darüber nichts wissen, Woyzeck ist ihm lästig. In anderen Szenen entzieht er sich völlig dem Gespräch mit seinem Kameraden, indem er ein Lied singt, insbesondere dann, wenn die merkwürdigen Visionen und Überlegungen Woyzecks ihn ängstigen (vgl. die Eröffnungsszene).

Woyzecks Beziehung zu Marie

Auch die Beziehung zu Marie ist letztlich unbefriedigend, geprägt durch das Unverständnis Maries für Woyzeck und seine Bedürfnisse. Er kann sie nur selten besuchen; ihre Gespräche werden entstellt von Woyzecks Phantasien, vor denen es Marie graut, und seinem frühen Verdacht, auf den Marie mit provokanten Äußerungen reagiert. Trotzdem glaubt Woyzeck, in Marie einen festen Halt zu haben und durch sie der Einsamkeit zu entrinnen. Der Mord aus Eifersucht ist somit zugleich der soziale Selbstmord Woyzecks. Nach der Tat ist er „ganz allein". Die Versuche, im lärmenden Getriebe des Wirtshauses Kontakte zu knüpfen, oder sein Bemühen, sich seinem Kinde liebevoll zu nähern, müssen scheitern. Er wird zurückgewiesen.

Völlige Vereinsamung Woyzecks

Sprachlosigkeit

Vereinsamung und Mangel an Verständnis werden im „Woyzeck" auch als ein sprachliches Problem dargestellt. Es gibt in diesem Stück keine Szene, in der sich die beteiligten Figuren durch Gespräche miteinander über ihre Lage, ihr Gefühlsleben oder ein Problem Klarheit verschaffen. Eine sprachliche Kommunikation findet nicht statt; es herrscht allgemeine Sprachlosigkeit.

Was bedeutet „Sprachlosigkeit" im „Woyzeck"?

Dies bedeutet u. a., dass die Figuren des „Woyzeck" in bestimmten Situationen verstummen, insbesondere dann, wenn sie sich unter Druck gesetzt fühlen oder sich der Gewalt ihrer Umwelt entziehen wollen. Die anderen Erscheinungsformen der Sprachlosigkeit sind nicht mit Schweigen verbunden. Sprachlosigkeit bedeutet in diesem Stück auch, dass die Figuren nicht wie gleichberechtigte Gesprächspartner miteinander reden, sondern aneinander vorbeireden, weil einer der Partner keinen Widerspruch duldet oder den anderen nicht verstehen kann. Vor allem aber tragen die Dialoge nicht dazu bei, einen Sachverhalt zu klären; als Sprachlosigkeit darf man in diesem Zusammenhang die Tatsache bezeichnen, dass die Sprache ihrer aufklärenden und Erkenntnis fördernden Funktion beraubt ist. Sie dient dazu, die Herrschaft einiger Personen über andere zu sichern und die Erkenntnis der Realität zu verhindern.

Sprachlosigkeit im Verhältnis Woyzecks zu Marie

Als Schweigen und Verstummen zeigt sich die Sprachlosigkeit im Verhältnis von Woyzeck und Marie. Es kommt zu keinem ernsthaften Gespräch zwischen den beiden über ihre soziale Lage und das Verhältnis Maries mit dem Tambourmajor. Marie verweigert Woyzeck eine Aussprache über den Tambourmajor; Woyzeck verstummt angesichts der aggressiven Antworten Maries, oder er spricht Drohungen aus, die allerdings eher monologischen Charakter haben, als dass sie an Marie gerichtet sind. Es ist bezeichnend, dass Woyzeck die wesentlichen Aussagen über seine soziale Lage und die Bedeutung Maries gegenüber dem Hauptmann macht, während für Marie die Selbstgespräche in ihrer Kammer besonders wichtig sind.

Sprachlosigkeit im Mordkomplex

Büchner führt das Motiv der Sprachlosigkeit auch im Mordkomplex konsequent durch. Die Szene „Marie mit Mädchen vor der Haustür", in deren Verlauf Woyzeck Marie zu einem Spaziergang abholt, um sie zu töten, enthält lediglich den folgenden Dialog zwischen Mörder und Opfer:

> WOYZECK: „Marie!"
> MARIE *erschreckt*: „Was ist?"
> WOYZECK: „Marie wir wolln gehn. S' ist Zeit."
> MARIE: „Wohinaus?"
> WOYZECK: „Weiß ich's?"

Unmittelbar vor dem Mord fragt Marie Woyzeck: „Was sagst du?" Er antwortet: „Nix." Die sich anschließende bedeutsame Bühnenanweisung lautet: „Schweigen".

Sprachlosigkeit im Verhältnis Woyzecks zum Hauptmann

Woyzecks Verhältnis zum Hauptmann wird von der militärischen Hierarchie bestimmt. Der Vorgesetzte befiehlt, der Untergebene gehorcht: Eine verbale Auseinandersetzung kann es zwischen den beiden nicht geben. Woyzeck versucht zwar, mit dem Hauptmann zu argumentieren, doch führt seine Widerrede zu keiner Diskussion, weil der Hauptmann nicht in der Lage ist, sich auf ein argumentatives Gespräch mit Woyzeck einzulassen: „Was sagt Er da? Was ist das für n'e kuriose Antwort? Er macht mich ganz confus mit seiner Antwort."

Ansonsten dient Woyzeck dem Hauptmann lediglich als Zuhörer, dem er melancholische Mitteilungen über die

Einseitige Kommunikation zwischen dem Hauptmann und Woyzeck

Zeit und die Langeweile zu machen hat, die für Woyzeck völlig ohne Belang sind. Oder Woyzeck ist die Zielscheibe für den bösartigen und grotesken Witz des Offiziers, hinter dem sich sofort die immer lauernde Aggressivität zeigt, wenn Woyzeck versucht, sich der ihm vom Hauptmann zugedachten Rolle zu entziehen, indem er widerspricht oder sich auch nur ernsthaft betroffen zeigt: „Kerl, will Er erschossen werden, will Er ein Paar Kugeln vor den Kopf haben?"

Sprachlosigkeit im Verhältnis Woyzeck und Doctor

Nicht nur der Hauptmann, sondern auch der Doctor kann dem untergeordneten und verbal ungeschickten Woyzeck das Wort verbieten, befehlen oder Belehrungen zukommen lassen. Woyzecks vergebliche Versuche, im Gespräch ein Problem aufzuwerfen und zu lösen, werden als Unverschämtheit oder Unsinn abgetan. Letzteres wird besonders deutlich in der Szene „Beim Doctor", als Woyzeck nach seinen Äußerungen zum Begriff „Natur" beschieden wird: „Woyzeck, Er philosophirt wieder. [...] Woyzeck, Er hat eine aberratio."

Die pervertierte Sprache der Naturwissenschaft

Mit seinen naturwissenschaftlichen Äußerungen verfolgt der Doctor nicht die Absicht, Naturwahrheiten näherzukommen oder sein Wissen zu verbreiten. Er schwadroniert, will mit der Fachsprache Eindruck erwecken, „eine Revolution in der Wissenschaft" herbeiführen und dabei seinen Ruf und seine Karriere fördern. In der Vorlesung ist er nicht darum bemüht, dem wissenschaftlichen Nachwuchs Wissen zu vermitteln oder methodisches Arbeiten beizubringen; Ziel seiner Ausführungen ist es vielmehr, die Studenten mit grotesk-witzigen Einlagen und tiefsinnig klingenden Formulierungen zu amüsieren und zu beeindrucken. Der Sprache des Doctors fehlt somit die Funktion, Sachverhalte darzustellen, aufklärend zu wirken und Einsichten in die Realität zu ermöglichen. Zusammen mit dem abstrakten, „wissenschaftlichen", aber inhaltlich entleerten Wortschatz macht dies seine Sprachlosigkeit aus.

Woyzeck, ein ungebildeter Mensch

Die Sprachlosigkeit des Doctors wirkt sich negativ insbesondere für das „einfache Volk", die „arme Leut", den „gemeinen Mann" aus. Woyzeck ist eins ihrer Opfer. Er hat es nicht gelernt, in begrifflichen Kategorien zu denken und zu sprechen. Wie das Pferd in der Schaubude ist er ein „ungebildeter", ein „verwandelter Mensch", der sich „nit explicirn" kann. Das bedeutet nicht, dass

Woyzeck und seinesgleichen über die Probleme, welche Gegenstand der Philosophie und der Naturwissenschaft sind, nicht nachdenken und sprechen; im Stück wird lediglich gezeigt, dass sie den Schritt zum begrifflichen Denken und Sprechen und damit zur Abstraktion nicht tun. Ganz deutlich wird dies in der Szene „Beim Doctor", als Woyzeck sich mit dem Wissenschaftler über den Begriff „Natur" unterhalten will. Er sagt:

> „Sehn Sie Herr Doctor, manchmal hat einer so n'en Character, so n'e Structur. – Aber mit der Natur ist's was anders, sehn Sie mit der Natur *(er kracht mit den Fingern)* das ist so was, wie soll ich doch sagen, zum Beispiel ..."

Woyzeck hat über die Natur nachgedacht. Er will seine Überlegungen, seine Ergebnisse dem Doctor mitteilen und hat das Gefühl, dies in einer bestimmten Art und Weise, nämlich der begrifflich-wissenschaftlichen, tun zu müssen. Geradezu verzweifelt und unter Einsatz aller Verstandes- und sogar Körperkräfte ringt er um den angemessenen Ausdruck; aber er findet ihn nicht. Am Ende weicht er auf ein Beispiel, einen konkreten Einzelfall aus, der ihm den Schritt zur Abstraktion erspart:

> „Herr Doctor haben Sie schon was von der doppelten Natur gesehn? Wenn die Sonn in Mittag steht und es ist als ging die Welt in Feuer auf hat schon eine fürchterliche Stimme zu mir geredt! [...] Die Schwämme Herr Doctor. Da, da steckts. Haben Sie schon gesehn in was für Figuren die Schwämme auf dem Boden wachsen? Wer das lesen könnt."

Zwei Arten zu denken und zu sprechen: wissenschaftlich und gleichnishaft

Das Bemerkenswerte an diesen Ausführungen ist, dass Woyzeck eine andere Art der Erkenntnis anstrebt als diejenige, die der Doctor vertritt. Letztere arbeitet mit Abstraktionen, Begriffen und Gesetzen, die sämtliche Erscheinungen der Natur – und, so kann man ergänzend hinzusetzen, der menschlichen Gesellschaft – erfassen, ordnen und erklären sollen. Der Einzelfall wird dabei unter ein Allgemeines (z. B. ein Naturgesetz) zusammengefasst und verliert dadurch seine individuelle Bedeutung. Auch die von Woyzeck favorisierte, „unwissenschaftliche" Erkenntnisweise geht von konkreten Beobachtungen aus; aber sie bleibt beim Einzelfall stehen und versucht, dessen Bedeutung zu ergründen.

Das Denkmuster, nach dem Woyzeck dabei zwangsläufig vorgehen muss, ist das Gleichnis. Es gibt für ihn eine „doppelte Natur“: zum einen die beobachtbaren konkreten Gegenstände, z. B. „die Sonn“ oder „die Schwämme“, zum anderen die Bedeutung dieser Gegenstände. Wie bei einer Parabel muss die erzählte Geschichte (= die beobachtbaren Gegenstände) eine Auslegung (= die Bedeutung der Gegenstände) erfahren.

Wissenschaftssprache: Sprache der Herrschaft

Im „Woyzeck“ werden die beiden Denk- und Sprechweisen nicht nur unterschieden, sondern es werden auch ihre Vor- und Nachteile, insbesondere die in ihnen steckenden Gefahren veranschaulicht. Wenn der Doctor bei „der wichtigen Frage über das Verhältniß des Subjects zum Object“ von „Wesenheiten“ spricht, in denen „sich die organische Selbstaffirmation des Göttlichen“ zeige – womit er eine Katze meint –, verrät er durch diese leere abstrakte Begrifflichkeit, dass er nichts zu sagen hat, die wissenschaftliche Sprache aber verwendet, um anderen zu imponieren und sie zu beherrschen. Er verfügt nicht nur über Herrschaftswissen, sondern spricht auch die Sprache der Herrscher über Dinge und Menschen. Woyzecks gleichnishaftes Denken und Sprechen führt zum Gegenteil: zur Ohnmacht und Hilflosigkeit.

Gleichnishaftes Sprechen: Sprache der Ohnmacht

Das folgt aus der Struktur des Gleichnisses. Es bedarf der Auslegung; es muss jemanden geben, der es entschlüsseln kann. So wird z. B. Christus immer wieder gebeten, seine Gleichnisse zu erklären, damit ihre Bedeutung den Jüngern und dem Volk deutlich wird. Was geschieht, wenn keine Autorität da ist, die den Menschen den Sinn und die Bedeutung der Gleichnisse, der Natur und der Gesellschaft erläutert? Genau in dieser Situation befindet sich Woyzeck! Er sieht die Figuren der „Schwämme auf dem Boden“, aber niemand erklärt ihm, was sie zu bedeuten haben. Woyzeck kennt nicht das Alphabet, um die Schrift der Natur, in der die Figuren der „Schwämme“ geschrieben sind, zu entziffern und zu verstehen. Er ist auch in diesem Sinne sprachlos, ihm fehlt der Schlüssel, um den Code der Natur lesen zu können.

Woyzeck: der Mensch ohne die deutende Autorität

Metaphorisches und fragendes Sprechen als Ausweg

In dieser Situation hilft sich Woyzeck damit, dass er seine Ahnungen – denn solche sind es, nicht sichere Erkenntnisse – in kühne Metaphern kleidet oder grüblerische, spitzfindige Fragen stellt. So sagt er z. B. dem Hauptmann, die Erde sei „höllenheiß“, für ihn aber „eiskalt“, die Hölle aber sicherlich „kalt“; gleich anschließend fragt er den Hauptmann, ob „das Nein am Ja oder das Ja am Nein Schuld“ sei. Solche Metaphern und Fragen sind der fast krampfhaft wirkende Versuch, die eigene Sprachlosigkeit zu überwinden.

Aberglaube als Überwindung der Sprachlosigkeit

Außerdem greift Woyzeck häufig zu Erklärungen des volkstümlichen Aberglaubens, die geeignet sind, komplizierte Sachverhalte oder schwierige emotionale Situationen einfach und einleuchtend, wenn auch falsch, aufzulösen. Der Aberglaube hat die Funktion, Woyzeck die Bedeutung der von ihm wahrgenommenen Wirklichkeit zu erhellen bzw. es ihm zu ermöglichen, über die Realität überhaupt zu sprechen. Das ist z.B. in der ersten Szene der Fall, als Woyzeck die Freimaurer als griffige Formel für die Ursache aller möglichen bedrohlichen Phänomene einsetzt: „... ich hab's, die Freimaurer ...“ Woyzeck glaubt, der Boden unter ihm sei hohl; zur Erklärung dieses für ihn deutlichen Tatbestandes greift er auf die im 19. Jahrhundert volkstümlich-abergläubische Vorstellung zurück, die Freimaurer versammelten sich in unterirdischen sargförmigen Hallen. Als Woyzeck mit den Füßen auf den Boden stampft, glaubt er die Hohlheit des Untergrunds tatsächlich zu hören und zu spüren. Wahnvorstellungen und Aberglaube vermischen sich.

Wahnsinn

Der Wahnsinn und die anderen Themen des Stückes

Das Stück ist auch als die Geschichte eines Menschen zu lesen, der seinen Wahnvorstellungen erliegt. Woyzecks Wahnsinn ist als Motiv eng mit den anderen Motivkomplexen verwoben. Die Angst, welche Woyzecks Anfälle in Marie hervorrufen, trägt wesentlich dazu bei, dass sie sich von ihm ab- und dem gesunden Tambourmajor zuwendet. Woyzecks Halluzinationen schrecken auch Andres, der sich auf kein verständnisvolles Gespräch mit seinem irren Kameraden einlassen möchte. Somit beschleunigt der Wahnsinn den Prozess der Vereinsamung Woyzecks und verstärkt die Sprachlosigkeit, die ihn umgibt.

Der Doctor bezeichnet Woyzeck s Geisteskrankheit als „aberratio mentalis partialis, die zweite Species“; das ist ein medizinischer Fachausdruck des 19. Jahrhunderts

Woyzecks fixe Idee

und meint einen Geisteszustand, für den eine „fixe Idee, mit allgemein vernünftigem Zustand" charakteristisch ist. In den Verrichtungen des Alltags verhält sich Woyzeck normal: Er leistet seinen Dienst, kommt seinen Verpflichtungen gegenüber Marie und dem Hauptmann nach und ist bemüht, den Vertrag mit dem Doctor einzuhalten. Insofern kann sein Zustand als im Allgemeinen vernünftig bezeichnet werden. Woyzecks Irresein besteht in der „fixen Idee", dass alle Dinge und Geschehnisse einen geheimnisvollen Sinn haben. Der Doctor stellt seine Diagnose im unmittelbaren Anschluss an Woyzecks Ausführungen über die „doppelte Natur" und die „Figuren der Schwämme". Die „fixe Idee" ist (a) Woyzecks Überzeugung, dass es neben der für jedermann sinnlich wahrnehmbaren Natur eine zweite voller Bedeutungen gebe, (b) sein Versuch, diese zweite Natur sprachlich zu fassen, (c) die andersartige sinnliche Wahrnehmung Woyzecks, der in der ersten Natur visionär Spuren der zweiten entdeckt. Neben den Schwämmen veranschaulichen die Stimmen, die Woyzeck den Mord an Marie befehlen, was der Doctor mit Woyzecks „aberratio" meint. Die Geräusche des Windes sind ein objektiver Tatbestand, jedermann kann sie hören. Aber Woyzeck meint, dass der Wind zu ihm spricht, um ihm Bedeutsames mitzuteilen (a). Die Geräusche nimmt er als Stimmen wahr (c) und er versteht den Sinn dessen, was diese Stimmen ihm sagen (b): „... Stich, stich die Zickwolfin todt ..." (vgl. die Szene ‚Freies Feld').

Die „fürchterliche Stimme", die Woyzeck die Geheimnisse der Natur enthüllt, und die befehlende, die ihm sagt, er müsse Marie töten, erfüllen die gleiche Funktion: Sie erklären Woyzeck das Gleichnis der Welt und seines Lebens. In Wirklichkeit aber sind es Projektionen seines Geistes. Woyzeck veräußerlicht in der Stimme aus dem Wind seinen aggressiven Wunsch, Marie wegen ihrer Untreue zu strafen.

Woyzecks Verfolgungswahn

Derselbe psychische Mechanismus erklärt auch Woyzecks Verfolgungswahn. In der zweiten Szene des Stückes berichtet er Marie: „... Es war wieder was ... Es ist hinter mir gegangen bis vor die Stadt." Er fühlt sich bedroht, verfolgt, gehetzt, kann aber die Ursache dieses Gefühls nicht benennen, weswegen er das unbestimmte Pronomen „Es" wählt, um über seine Angst überhaupt sprechen zu können. In der anonymen Macht des „Es" verkörpert Woyzeck die Übermacht der Umstände, die ihn beherrschen, antreiben, quälen und peinigen. Es ist die Gewalt der sozialen Verhältnisse, der Zwang zur rastlosen Tätigkeit, die Demütigung durch den Hauptmann und den Doctor, die Angst um Marie und das Kind.

Gesellschaft

Figuren als Spiegel der Gesellschaft

Büchner entwirft im „Woyzeck" mit den Mitteln des Dramatikers das Bild der deutschen Gesellschaft, wie er sie in der Restaurationsperiode nach 1815 sieht. Diese Gesellschaft basiert nach Büchner in erster Linie auf dem Gegensatz zwischen den „Armen" und den „Reichen"; trotzdem werden auch die Auseinandersetzungen zwischen der feudalen Klasse (z.B. Fürsten, Adel, hohe Staatsbeamte, Offiziere) und dem liberalen Bürgertum (z.B. Unternehmer, Finanzkreise, Intellektuelle) im Stück ausführlich dokumentiert. Im Drama werden die sozialen Konflikte an den Figuren gezeigt, die somit eher Repräsentanten gesellschaftlicher Gruppen als individuelle Charaktere sind.
Der Hauptmann und der Doctor sind die beiden Figuren, die gegenüber Woyzeck als die Repräsentanten der Herrschenden auftreten.

Die Bedeutung der militärischen Rangordnung

Die Beziehung zwischen Woyzeck und dem Hauptmann wird bestimmt von der militärischen Rangordnung; der Offizier ist der Vorgesetzte, der gemeine Soldat der Untergebene; der eine darf befehlen, der andere muss gehorchen. Woyzeck hat dem Hauptmann gewisse Dienste zu leisten, z.B. muss er ihn rasieren; dafür erhält er ein wenig Geld. Die Bezahlung ist jedoch nicht durch einen Arbeitsvertrag, eine militärische Besoldungsvorschrift o.Ä. geregelt, sondern erfolgt eher in der Form eines „Trinkgeldes", das der Vorgesetzte großzügig und herablassend dem gemeinen Soldaten zusteckt.

Grundzüge des feudalen Gesellschaftssystems

Das Verhältnis zwischen dem Hauptmann und Woyzeck ist feudalistisch geprägt. Im feudalen Gesellschaftssystem gehören die Menschen Ständen an, die einander über- und untergeordnet sind; soziale Mobilität, d.h. der Aufstieg in einen höheren Stand oder der Abstieg in einen niedrigeren Stand, ist ausgeschlossen. Man rechtfertigt das hierarchische System theologisch: Die Zugehörigkeit der Menschen zu bestimmten Ständen und die ständische Ordnung insgesamt seien gottgewollt. Angehörige der unteren Stände sind zu Dienstleistungen verpflichtet, ohne einen Rechtsanspruch auf Bezahlung zu haben; von den oberen Ständen wird allerdings erwartet, dass sie sich gelegentlich großzügig und mildtätig zeigen.

Die feudalistischen Gesellschaftsstrukturen werden durch die Französische Revolution von 1789 erschüttert; nach dem Sieg über Napoleon (1815) beginnt der Versuch, das feudalistische Herrschaftssystem wiederherzustellen. Im politischen Bereich gehört dazu die Verweigerung moderner Verfassungen, die freie, gleiche und geheime Wahlen garantieren sowie Parlamente vorsehen, in denen die von der Bevölkerung gewählten Abgeordneten die Staatseinkünfte und -ausgaben festlegen und die Regierung kontrollieren. Es gelingt allerdings nicht, die feudale Herrschaft so zu restaurieren, dass sie allgemein akzeptiert und als selbstverständlich angesehen wird. Es besteht ständig die Gefahr von Protesten und Aufständen, die in revolutionäre Handlungen münden könnten. Angesichts dieser Lage verändert sich die Rolle des Militärs; es wird jetzt in erster Linie zur Unterdrückung der Opposition eingesetzt. Die Offiziere werden dem eigentlichen Militärdienst entfremdet und sind gezwungen, ein inaktives, monotones Leben in den Garnisonsstädten zu führen. Genau das ist die Situation des Hauptmanns, der unter der Inaktivität leidet, sich langweilt und nicht weiß, wie er seine Zeit sinnvoll mit Tätigkeiten ausfüllen soll. Gleichzeitig fürchtet er sich jedoch vor allen Aktivitäten und Veränderungen, insbesondere vor schnellen Bewegungen. Er ist der Repräsentant des feudalen Standes, der keine Zukunft mehr hat, weil er sich geschichtlich überlebt hat, sich aber, wie Büchner es in einem Brief an die Familie vom 5. April 1833 nennt, „durch eine rohe Militärgewalt und durch die dumme Pfiffigkeit seiner Agenten" an der Macht hält. Soziale Mobilität und Bewegung bedeuten Veränderung und Entwicklung und somit den Untergang des Feudalismus. Um ihn zu vermeiden, muss der Hauptmann Bewegungslosigkeit, Untätigkeit, Langeweile und Melancholie hinnehmen. Er gehört zur „abgelebten" feudalen Gesellschaft, deren Leben nur aus Versuchen

Die veränderte Rolle des Militärs

Zum Motiv „Langeweile"

besteht, „sich die entsetzlichste Langeweile zu vertreiben"; sie ist durch die geschichtliche Entwicklung überholt und überflüssig gemacht worden: „Sie mag aussterben, das ist das einzig Neue, was sie noch erleben kann" (Büchner an Gutzkow, Straßburg 1836).

Nicht nur die soziale Stellung und das Lebensgefühl kennzeichnen den Hauptmann als Repräsentanten des Feudalismus, sondern auch seine Denkweise und sein Verhalten gegenüber Woyzeck (und dem Doctor). Er hat noch ein Gespür dafür, dass er sich bei weltanschaulichen Diskussionen nur behaupten kann, wenn er religiös argumentiert. Die theologische Rechtfertigung der feudalen Gesellschaftsstruktur überträgt er im Gespräch mit Woyzeck auf Fragen der Moral. Er ist jedoch völlig hilflos, als Woyzeck mit einem religiösen Argument antwortet, um sein uneheliches Kind zu verteidigen, und anschließend darauf hinweist, dass ein tugendhaftes Leben von materiellen Voraussetzungen abhängig sei. So aussichtslos es scheint, die feudale Herrschaft noch mit Argumenten zu begründen, so unmöglich ist es für den Hauptmann, den beiden Einwürfen Woyzecks argumentativ zu begegnen. Er zieht den Schluss, das Denken und Argumentieren aufzugeben, weil es zu anstrengend ist; nicht nur körperliche, auch denkerische und sprachliche Bewegung können den Untergang des Feudalismus beschleunigen. Was an Denken und Sprechen bleibt, sind offensichtlicher Unsinn, Tautologien („ewig das ist ewig, das ist ewig") und unauflösbare Widersprüche („nun ist es aber wieder nicht ewig und das ist ein Augenblick, ja, ein Augenblick").

Die religiöse Denkweise des Hauptmanns

Die Mildtätigkeit und Fürsorge der oberen Stände für die unteren, wie sie das feudale System verlangt, sind beim Hauptmann zu kitschiger Sentimentalität und Woyzeck demütigender Herablassung verkommen. Die ständig wiederholte Bezeichnung Woyzecks als „guter Mensch" erfährt nie eine Begründung, aber sie wird – laut Büchners Bühnenanweisung – mit „Rührung" vorgetragen. Der Hauptmann nennt sich selbst auch häufig einen „guten Menschen" und zeigt dabei nicht weniger Rührung. Es ist das abstoßende Selbstmitleid einer überflüssigen Gesellschaftsschicht, die auf das Leben verzichtet, um sich an der Macht zu halten und sich anderen Schichten überlegen fühlen zu können.

Sentimentalität und Herablassung

Menschenverachtung des Feudalismus

Unter der sentimentalen Oberfläche aber zeigt sich auch beim Hauptmann die Menschenverachtung des Feudalismus. Ohne Mitleid führt der Hauptmann Woyzeck seine Überlegenheit vor: Er verspottet ihn als „ganz abscheulich dumm" und als von Marie betrogenen Mann. Er spielt mit Woyzeck; und wenn Woyzeck versucht, sich zu wehren oder sich dem Spott zu entziehen, droht er mit roher Gewalt: „Kerl, will Er erschossen werden, will Er ein Paar Kugeln vor den Kopf haben?" Gegenüber Woyzeck verhält sich der Hauptmann wie ein Aristokrat, der sich, wie es Büchner in einem Brief an die Familie (Gießen, November 1834) ausdrückt, der „schändlichsten Verachtung des heiligen Geistes im Menschen" schuldig macht; er wähnt sich „im Besitz eines toten Krams, den man Gelehrsamkeit heißt", und meint, Woyzeck, den „Dummkopf", seinem „verachtenden Egoismus opfern" zu dürfen.

Arroganz der „Gebildeten" gegenüber den „Ungebildeten"

Dieser Vorwurf wird auch gegen den Doctor erhoben. Seine Gelehrsamkeit ist das Wissen und die Experimentierfreude des modernen Naturwissenschaftlers. Er will Fakten herausfinden, weist aber Fragen nach der Bedeutung der Natur für den Menschen, wie Woyzeck sie stellt und (vergeblich) zu beantworten versucht, als unwissenschaftlich zurück: Das sei bloße „Philosophie" oder Verirrung eines Wahnsinnigen.

Vertrag als Basis der Machtfülle des Doctors

Während der Hauptmann den von ihm als „Dummkopf" klassifizierten Woyzeck verbal und sozial demütigt, geht der Doctor so weit, den als „versponnenen Philosophen" und „Halbirren" abgestempelten Woyzeck als Versuchsobjekt zu gebrauchen sowie körperlich und geistig zu zerstören. Ihm wächst diese Machtvollkommenheit gegenüber Woyzeck aber nicht nur zu, weil er ihm in einer Hierarchie (wie z. B. dem Militär) übergeordnet ist, sondern weil er einen Vertrag mit Woyzeck abgeschlossen hat, der festlegt, dass Woyzeck gegen Bezahlung seinen Körper für wissenschaftliche Experimente zur Verfügung stellt.

Freiheit als ideologischer Begriff

Vordergründig gesehen, haben sowohl Woyzeck als auch der Doctor diesen Vertrag aus freien Stücken abgeschlossen; doch herrscht hier nur eine scheinbare Freiheit. Zwar ist es richtig, dass weder Woyzeck noch der Doctor gezwungen sind, genau **diesen** Vertrag mit **diesem** Partner abzuschließen. Doch müssen beide **ei-**

nen Vertrag mit **einem** Partner abschließen. Wegen seiner sozialen Situation und materiellen Armut muss sich Woyzeck verkaufen, um gesicherte Einkünfte zu haben. Der Doctor steht als Forscher unter dem Zwang, Experimente durchzuführen, Erkenntnisse zu gewinnen und sie zu veröffentlichen, um in der wissenschaftlichen Welt konkurrieren zu können. Für seine Experimente aber braucht er Versuchspersonen, die er vertraglich an sich bindet. Der Unterlegene bei diesem Vertragsabschluss ist Woyzeck: Seine Gegenleistung für die Bezahlung ist körperliche und geistige Gesundheit. Es ist offensichtlich, dass die Vertragsfreiheit, sozial gesehen, nicht besteht, insbesondere nicht für Woyzeck. Auch ist es unsinnig, wenn der Doctor bei der Diskussion über das Harnlassen Woyzeck erklärt: „Woyzeck, der Mensch ist frei, in dem Menschen verklärt sich die Individualität zur Freiheit." Auch hier steht die scheinbare Freiheit der tatsächlich vorhandenen Unfreiheit entgegen. Im Munde des Doctors ist der Begriff „Freiheit", gleichgültig ob er ihn auf soziale (Verträge) oder natürliche (Muskeln) Dinge bezieht, ein ideologischer, weil der Doctor subjektiv zwar von der Richtigkeit der Aussage überzeugt ist, der Mensch sei biologisch und sozial frei, objektiv jedoch Unrecht hat. Genau solche Begriffe gelten im 19. Jahrhundert als ideologisch. Man versteht Ideologie als „falsches Bewusstsein". Ein Mensch, der ideologisch argumentiert, ist davon überzeugt, die Wahrheit zu sagen, spricht aber, objektiv betrachtet, die Unwahrheit. Das Denken und Sprechen des Doctors ist somit nicht minder ideologisch als das des Hauptmanns. Die Ideologie des Hauptmanns (des Feudalismus) wird von religiös begründeten Aussagen bestimmt, diejenige des Doctors (des Bürgertums) von entstellten Argumenten der Philosophie über Freiheit und Vernunft.

Der Doctor als Repräsentant des Bürgertums

Der Doctor ist Repräsentant des Bürgertums. Dessen Gesellschafts- und Weltbild kann im Kern durch die Begriffe Rationalität, Konkurrenz und Vertrag gekennzeichnet werden. Nach bürgerlicher Auffassung treten Menschen über ihre Berufe in Konkurrenz zueinander. Um die ihrer Natur nach regellose, dem Chaos zustrebende Konkurrenz in ordentlichen Bahnen verlaufen zu lassen, ist es notwendig, dass sich die Menschen rechtlich durch Verträge binden. Auf dieser Grundlage ist es möglich, dass sich die Gesellschaft vernünftig entwickeln kann. Das Prinzip der Rationalität soll sich auch in der Wissenschaft, insbesondere in den Naturwissenschaften, durchsetzen. Abgelehnt werden alle Versuche, der menschlichen Gesellschaft oder der Natur einen transzendenten Sinn zu geben, wie es etwa durch die feudalistische Behauptung geschieht, eine bestimmte Gesellschaftsordnung sei gottgewollt, oder den naturphilosophischen Versuch, die Bedeutung der Natur für den Menschen aufzuzeigen.

Konflikt zwischen dem Hauptmann und Doctor

Das Bürgertum befindet sich daher in einem Konflikt mit dem Feudalismus. Dieser Konflikt wird im „Woyzeck" in der Szene „Straße" gezeigt, in welcher der Hauptmann und der Doctor aufeinander treffen. Die beiden Repräsentanten der feudalen und der bürgerlichen Klasse gehen nicht freundlich miteinander um. In einem grotesken Ratespiel versuchen sie einander hereinzulegen; die Bezeichnungen „Exercirzagel" und „Sargnagel" zeigen, dass sie den Beruf und damit die soziale Schicht des jeweils anderen gering schätzen und verunglimpfen wollen. Der Hauptmann hält dem Doctor vor, sich zu schnell zu bewegen; der Doctor führt dem Hauptmann drastisch vor Augen, welche bösen körperlichen und geistigen Konsequenzen (u.a. „eine apoplexia cerebralis") seine Bewegungslosigkeit haben kann. Im Gegensatz zum Hauptmann muss der Doctor als Bürger aktiv sein, arbeiten, für den Fortschritt und für Veränderungen sein, da er nur so verhindern kann, in der Konkurrenz mit anderen zurückzufallen. Die Gegnerschaft untereinander hindert die beiden allerdings nicht daran, sich gemeinsam gegen Woyzeck zu wenden, den sie im zweiten Teil der Szene mit Anspielungen auf die Untreue Maries verspotten. Auch dieser Vorgang hat seinen sozialen Sinn. Die feudale und die bürgerliche Klasse stehen, um Büchners Vokabular zu übernehmen (vgl. „Der Hessische Landbote" und Büchners Brief an Gutzkow, Straßburg 1836), als die „Reichen" der „großen Klasse", den „Armen", deren Repräsentant u. a. Woyzeck ist, gegenüber.

Zu den „Armen" zählen neben Woyzeck sein Kamerad Andres und der Tambourmajor.

Vereinzelung der „Armen"

Andres befindet sich als gemeiner Soldat in einer ähnlichen Lage wie Woyzeck. Gemeinsam müssen sie in der Szene „Freies Feld. Die Stadt in der Ferne" Stöcke schneiden. Sie werden von Trommeln in die Kaserne zurückgerufen; sie sind also dem gleichen militärischen Reglement unterworfen. Die Szene „Nacht" zeigt sie sogar im gleichen Bett. Doch trotz dieser sozialen und körperlichen Nähe können die beiden nicht miteinander reden. Ihre Gespräche sind Scheindialoge. Woyzeck kann sich gegenüber Andres unbefangen äußern, da er nicht, wie im Falle des Hauptmanns und des Doctors, befürchten muss, sich ihm sozial auszuliefern oder von ihm gedemütigt zu werden. Aber er kann sich Andres nicht verständlich machen, da er unfähig ist, seine Ansichten und Gedanken zusammenhängend vorzutragen. Allerdings versucht Andres auch nicht, sich in Woyzeck einzufühlen und ihn zu verstehen. Er bricht entweder die Gespräche ab, indem er ein Lied zu singen beginnt, oder deutet Woyzecks Aussagen sinnentstellend um, so dass er auf sie reagieren kann. Teilweise hört er Woyzeck nicht zu und sagt nur in gewissen Abständen mechanisch „Ja wohl". Am bezeichnendsten aber ist seine Reaktion, Woyzeck als krank zu betrachten und ihm eine bestimmte Medikation zu empfehlen. Sozial gesehen, zeigt das Verhältnis zwischen Woyzeck und Andres, dass die „Armen" beziehungslos nebeneinander leben, sich über ihre Situation nicht verständigen und deshalb nicht zur Einsicht in ihre soziale Lage gelangen, ganz zu schweigen von gemeinsamen Versuchen, diese Lage zu verbessern.

Der Tambourmajor: ein Aufsteiger

Auch der Tambourmajor muss zu den „Armen" gerechnet werden. Trotz der Bezeichnung „Major" handelte es sich bei einem Tambourmajor nicht um einen Offizier, sondern einen Unteroffizier, der als Bataillonstrommler oder Anführer einer Gruppe von Militärmusikern keine eigentlich militärische Aufgabe hatte. Häufig wurden einfache Soldaten, die groß und athletisch gebaut waren, zu Tambourmajoren gemacht, weil man hoffte, durch solche Soldaten in glänzenden Uniformen die Zivilbevölkerung zu beeindrucken. Eine solche Figur ist der Tambourmajor aus Büchners „Woyzeck". Er glaubt, sozial aufgestiegen zu sein, weiß aber, dass er seine Stellung nur dem körperlichen Eindruck verdankt, den er auf andere Menschen macht. Entsprechend verhält er sich. Er will gegenüber seinesgleichen beweisen, dass er aufgestiegen und ihnen überlegen ist, und versucht, allen, insbesondere aber den Frauen, zu imponieren. Dabei verlässt er sich auf seine imposante Erscheinung und seine Körperkräfte. Zum Imponiergehabe des Tambourmajors gehören auch der große Alkoholkonsum und die verbale Kraftmeierei, die voneinander nicht zu trennen sind. Die Aggressionen, die er an körperlich Schwächeren abreagiert, die Demütigungen, die er sexuell Unterlegenen zufügt, sollen seine Schwächen und Ängste überdecken. Er ist so sehr mit der Bewältigung seiner psychischen Probleme und angeblichem Lebensgenuss (Trinken, Frauen) beschäftigt, dass er keine Zeit findet, sich seiner sozialen Lage bewusst zu werden.

Gewalt

Erscheinungsformen der Gewalt im „Wozyeck“

Im „Woyzeck“ werden zahlreiche Gewalttätigkeiten auf der Bühne gezeigt. Neben dem Mord an Marie stehen der Kampf zwischen Woyzeck und dem Tambourmajor, der Streit Maries mit ihrer Nachbarin, Drohungen, verbale Angriffe und Aggressionen unter Alkoholeinfluss. Hinzu kommt, dass alle Figuren häufig gezwungen sind, bestimmte Dinge zu tun. Ihr Handeln wird durch soziale Verhältnisse determiniert; sie sind gefangen in gesellschaftlichen Zwängen, die sich zu einem System der Gewalt zusammenfügen.

Der allgemeine Gewaltzusammenhang

Mit diesem Thema beschäftigt Büchner sich bereits in seiner Tragödie „Dantons Tod“; aber auch außerhalb der literarischen Arbeiten spricht er wiederholt über die Problematik der sozialen Gewalt. In einem Brief an seine Familie (Straßburg, 5. April 1833) fragt Büchner rhetorisch: „Sind wir denn aber nicht in einem ewigen Gewaltzustand?“ Es reicht ihm nicht aus, diese Frage bejaht zu wissen; er setzt hinzu, dass die Menschen, die dem Gewaltzustand ausgesetzt sind, sich dessen nicht bewusst sind:

> „Weil wir im Kerker geboren und großgezogen sind, merken wir nicht mehr, daß wir im Loch stecken mit angeschmiedeten Händen und Füßen und einem Knebel im Munde.“

Der „Woyzeck“ zeigt die Gesellschaft der Restaurationsepoche als ein System der Gewalt, dem alle unterliegen, ohne dass sie davon wissen. Das Verhängnisvolle für die Hauptfigur Woyzeck besteht darin, dass sie in allen sozialen Beziehungen die Erfahrung machen muss, das Opfer der Gewalt zu sein. Diejenigen, die Woyzeck Gewalt antun, sind allerdings selber im allgemeinen Gewaltzusammenhang gefangen.

Woyzeck und der Hauptmann

Woyzeck ist dem Hauptmann in der militärischen Hierarchie untergeordnet. Er muss dem Offizier dienstbar sein, wird von ihm verspottet oder bedroht. Um seine Stellung zu behalten, ist der Hauptmann gezwungen, ein sinnloses Leben voller Langeweile und Melancholie zu führen und auf die Befriedigung seiner Triebe zu verzichten.

Woyzeck und der Doctor

Der Doctor beherrscht Woyzeck, weil er einen Vertrag mit ihm abgeschlossen hat, der Woyzeck gegen Bezahlung dazu verpflichtet, an sich medizinische Experimente ausführen zu lassen. Auch der Wissenschaftler verhöhnt und bedroht Woyzeck, dessen körperliche und geistige Gesundheit durch die Experimente zerstört wird. Aber der Doctor muss ebenfalls diesen Vertrag abschließen, weil er nur durch disziplinierte Arbeit, die zu konkreten Ergebnissen führt, in der Konkurrenz mit anderen Wissenschaftlern bestehen kann.

Woyzeck und Andres

Andres befindet sich in der gleichen sozialen Lage wie Woyzeck. Aber er bemüht sich nicht darum, seinen Kameraden zu verstehen oder ihm zu helfen, übt also indirekt Gewalt aus, weil er Woyzeck teilnahmslos einer Situation überlässt, die ihn zerstört. Gleichzeitig nimmt er sich durch sein Verhalten selbst die Möglichkeit, seine Lage zu begreifen und sie, gemeinsam mit Woyzeck und anderen „Armen“, zu verbessern.

Woyzeck und der Tambourmajor

Der Tambourmajor demütigt Woyzeck, da er ihm als erfolgreicher Rivale bei Marie entgegentritt. Sowohl sprachlich als auch körperlich verhält er sich gegenüber Woyzeck aggressiv; Woyzeck ist sein Opfer. Doch kaschieren der Erfolg und seine Aggressionen lediglich, dass er die Position als Aufsteiger mit sozialer Heimatlosigkeit bezahlt. Er muss die Sinnlosigkeit seiner Existenz mit Imponiergehabe und Alkoholismus überspielen.

Woyzeck und Marie

Marie verletzt Woyzeck, indem sie ihn mit dem Tambourmajor betrügt. Sie zeigt ihm damit seine körperlich-sexuelle und sozial-materielle Unzulänglichkeit. Doch erkennt sie gleichzeitig soziale Zustände als gegeben und unveränderlich an, die sie zu einem prostitutionsähnlichen Verhalten zwingen. Sie stürzt sich in Gewissenskonflikte und entwickelt ein Schuldbewusstsein, das sie aggressiv gegen sich selbst richtet: „Ich bin doch ein schlecht Mensch. Ich könnt' mich erstechen." Woyzeck tut ihr also das an, was sie aus eigener Sicht für die gerechte Strafe hält.

Woyzeck als Opfer

Indem Woyzeck Marie tötet, ist er auch gewalttätig gegen sich selbst. Auch er erkennt nicht, dass Gewalt gegen eine andere Person den allgemeinen Gewaltzusammenhang, der für seine Lage verantwortlich ist, nicht durchbrechen oder auch nur erträglicher machen kann. Woyzeck ist in allen Beziehungen (gegenüber dem Hauptmann, dem Doctor, Andres, dem Tambourmajor, Marie und sich selbst) das Opfer. Er wird bedroht und gedemütigt, verhöhnt und verspottet, muss arbeiten, dienen und gehorchen; man schlägt ihn nieder und betrügt ihn; niemand will ihn verstehen oder ihm helfen. Er selbst kann sich nicht helfen; dazu ist er weder körperlich noch intellektuell noch sozial in der Lage. Zwar zeigt er im Gespräch mit dem Hauptmann, dass er ein Gespür für die sozialen Ursachen seiner Situation hat; doch zieht er nicht die notwendigen Konsequenzen. Er zweifelt die „Moral" des Hauptmanns nicht an, stellt ihr keine eigene Moral entgegen. Er erlebt lediglich die Demütigung, die darin liegt, dass er als „armer Kerl" niemals „moralisch" sein kann. Ihm fehlt die Einsicht Büchners, die dieser Gutzkow in einem Brief mitteilt (Straßburg 1836):

Moral

> „Ich glaube, man muß in sozialen Dingen von einem absoluten Rechtsgrundsatz ausgehen, die Bildung eines neuen geistigen Lebens im Volk suchen und die abgelebte moderne Gesellschaft zum Teufel gehen lassen."

Vertrag

Dem Doctor liefert sich Woyzeck durch den Vertrag aus, weil er Geld verdienen will, um Marie zu halten und sich und seine „Familie" zu ernähren, zerstört aber seine körperliche und geistige Gesundheit und verliert dadurch Marie. Diese Zusammenhänge erkennt er nicht und ist folglich auch nicht in der Lage, sich irgendjemandem, insbesondere Marie oder Andres, verständlich zu machen. Insofern ist die Sprach- und Verständnislosigkeit, die er in der Szene „Beim Doctor" in Bezug

Unfähigkeit zur Abstraktion und Sprachlosigkeit

auf die Natur an den Tag legt, bezeichnend für sein Verhalten insgesamt. Was ihm bleibt, ist blinde Gewalt, erlebte und ausgeübte, die Schläge des Tambourmajors und die Ermordung Maries.

Der Zusammenhang der einzelnen thematischen Aspekte

Verknüpfung der Themen

Trotz der Vielfalt der Themen bricht Büchners „Woyzeck“ nicht in zusammenhanglose Einzelteile auseinander. Das liegt zum einen daran, dass die verschiedenen thematischen Aspekte an die Figuren geknüpft sind, insbesondere an Woyzeck; zum anderen hat sich Büchner in mehreren Arbeitsphasen darum bemüht, die einzelnen Themen miteinander zu verknüpfen. An den Handschriften Büchners, die erhalten sind, kann man ablesen, dass er sich zunächst auf einzelne Aspekte konzentriert hat, bevor ihm in der letzten Fassung des „Woyzeck“, an der er bis kurz vor seinem Tode arbeitete, die Verknüpfung der Themen gelang.

Die Bedeutung der Textgrundlage für die Interpretation

Das Stück liegt nicht abgeschlossen vor; es ist Fragment geblieben. Büchner hat aus den handschriftlich vorliegenden Einzelszenen keine letztlich gültige Reinschrift zusammengestellt, die er einem Verleger zur Veröffentlichung hätte übergeben können. Was vorliegt sind insgesamt 49 Szenen, die zu vier handschriftlichen Fragmenten – genannt H1, H2, H3 und H4 – zusammengefasst werden können. Die vollständigste und späteste Fassung ist H4; H1 und H2 gehören eng zusammen; H3 enthält nur zwei Szenen, die eher Hl/H2 als H4 zugeordnet werden müssen.

Die Sonderstellung des Fragments H4

Für die Interpretation entscheidend ist die Tatsache, dass man H4 als die „vorläufige Reinschrift“ ansehen muss, während H1 und H2 (sowie die beiden Szenen von H3) die erste Fassung mit einzelnen Szenenentwürfen bilden. Die Szenen von H1 konzentrieren sich auf das psychologische Geschehen; es wird gezeigt, wie sich Woyzecks Eifersucht entwickelt und bis zum Mord an Marie steigert. In H2 wird versucht, Woyzecks soziale Lage anschaulich darzustellen. Man kann daher H1 als Entwurf einer psychologischen Eifersuchtstragödie, H2 als Plan einer sozialen Tragödie bezeichnen. Erst H 4 ist der Versuch, beide Themen zu vereinigen und dabei die Eifersucht und die Vereinsamung Woyzecks als Folge seiner sozialen Situation zu zeigen. Bestimmte Aspekte, die für eine „existentielle“ oder gar „metaphysische“ Interpretation des Stückes wichtig sind – z. B. Eifersucht als allgemein menschliches Gefühl, das unabhängig ist von der sozialen Lage des Eifersüchtigen und den gesellschaftlichen Zusammenhängen, oder Wahnsinn als Ausdruck eines Menschen, der vergeblich versucht, in einer sinnlosen Welt eine auf den Menschen bezogene Bedeutung zu finden –, werden daher relativiert. Sie sind nur verständlich als Konsequenz der sozialen und historischen Situation. In diesem Sinne führt Albert Meier (Georg Büchner. Woyzeck, München 1980) aus, in H 4 werde

> „eine Synthese von H 1 und H 2 vorgenommen: zwar handelt es sich wieder nur um ein Fragment, doch läßt sich an ihm erkennen, wie Büchner versuchte, die Entwicklung der Handlung präzis zu erfassen: Maries Untreue wird dargestellt, Woyzecks Eifersucht steigert sich. Gleichzeitig wird aber die soziale Umgebung durch die Einführung des Hauptmanns und des Juden ausgebaut und in ihrer Bedeutung für die Entwicklung der Geschehnisse gezeigt. Das Hauptaugenmerk liegt auf Woyzecks sozialer Abhängigkeit, da diese ihn Marie entfremdet; der Hauptmann hetzt Woyzeck auf, und der Tambourmajor ist ihm gesellschaftlich und physisch überlegen. Neben die Überarbeitungen früherer Szenen treten dabei neue, die die gesellschaftliche Position Woyzecks und deren zerstörerische Folgen verdeutlichen“ (S. 30).

In H 4 findet „eine psychologisch stimmige Vermittlung zwischen krankhafter Eifersucht und der gesellschaftlichen Situation statt“ (Meier, S. 30):

> „Woyzeck kann Marie nicht die soziale Geltung verschaffen, die sie als Mensch unabhängig von ihrem Stand ersehnt, und er kann ihr nicht einmal Gesellschaft leisten, weil er arbeiten gehen muß. Woyzeck kann so weder materiell noch physisch den Ansprüchen Maries nachkommen.“ (Meier, S. 30)
> „... der Mordgedanke entwickelt sich [...] aus der Steigerung der Halluzinationen aufgrund der immer schär-

feren Isolation Woyzecks. Nicht daß sich Marie mit dem Tambour-Major einläßt, löst den Mordimpuls aus, sondern daß diese Untreue Woyzecks sozialen Zustand noch weiter untergräbt. Woyzeck wird den Überlegenen dadurch noch mehr ausgeliefert: Hauptmann und Doctor können ihn Maries wegen verhöhnen, und der Tambour-Major verprügelt ihn. Auf diese Weise wird die Eifersucht, die in H 1 noch individuelle Eigenschaft Woyzecks war, in ihren sozialen Ursachen und den darauf beruhenden psychischen Mechanismen enthüllt" (Meier, S. 31).

Zusammenfassung

Woyzeck muss erleben, dass sich Marie von ihm abwendet und mit dem Tambourmajor einlässt. Er kann Marie nicht zurückgewinnen, da er wegen des militärischen Dienstes sowie seiner sonstigen Arbeiten häufig abwesend ist und sich nicht um das Kind kümmern kann. Ferner kommt er wegen seiner körperlichen Schwäche gegen den äußerlich imposanten Tambourmajor nicht an. Dieser vermag Maries sexuelle Bedürfnisse zu befriedigen, wozu der von medizinischen Experimenten noch weiter geschwächte Woyzeck nicht in der Lage ist, dessen seelische Erkrankung auf Marie zusätzlich abschreckend wirkt. Der Tambourmajor weckt mit Werbung und Geschenken Maries Hoffnung auf ein befriedigendes und luxuriöses Leben. Woyzeck hingegen zerbricht unter den spöttischen Bemerkungen des Hauptmanns und des Doctors; er entwickelt die Zwangsvorstellung, Marie töten zu müssen. Durch den Mord vereinsamt der bereits vorher weitgehend isolierte Woyzeck völlig. Bezeichnenderweise herrscht unmittelbar vor dem Mord „Schweigen". Woyzecks Vereinsamung geht einher mit der extremsten Form der Sprachlosigkeit.

Auch in anderen Szenen mündet Woyzecks Bemühen, die kommunikative und Erkenntnis fördernde Funktion der Sprache sich zu Nutze zu machen, in Sprachlosigkeit. Der herrschaftliche Ton in den Befehlen und Drohungen des Hauptmanns lässt Woyzeck ebenso verstummen wie die Zurechtweisungen und Diagnosen des Doctors. Da

Woyzeck nicht fähig ist, vom Einzelfall zu abstrahieren, die sachlich angemessenen Worte zu finden und in sich schlüssig zu argumentieren, kann er sich mit dem Hauptmann nicht über die Moral, mit dem Doctor nicht über die Natur und mit Marie und Andres nicht über ihre soziale Lage verständigen. Die Rationalität der Sprache wird nicht nur durch Woyzecks Wahnsinn, sondern auch durch den allgemeinen „Gewaltzustand" des sozialen Lebens zerstört. Woyzeck ist das Opfer der sozialen Gewalt. Ihm als Repräsentanten der „Armen" und untersten Klasse der Restaurationsgesellschaft begegnen die „Reichen", die vom Hauptmann und vom Doctor verkörpert werden, nicht nur mit dem Herrschaftsinstrument der Sprache, sondern vor allem mit konkreter materieller Gewalt und einer entsprechenden Ideologie. Die feudale Klasse des Hauptmanns leidet unter Untätigkeit, Langeweile und Melancholie; sie rechtfertigt ihre herrschende Position mit religiösen Argumenten. Gegenüber den „Armen" verhält man sich sentimental und herablassend, zeigt in manchen Situationen aber auch eine abstoßende Arroganz, Gewaltbereitschaft und Menschenverachtung.

Die bürgerliche Klasse des Doctors hingegen verhält sich rational; sie versucht in der wirtschaftlichen und wissenschaftlichen Konkurrenz durch zielgerichtete Aktivität und Verträge bestehen zu können. Ihre Legitimation bezieht sie aus einer vereinfachten Philosophie des Idealismus, die um den ideologisch verfälschten Begriff ‚Freiheit' kreist. Woyzeck leidet auch unter der Arroganz, der Gewaltbereitschaft und der Menschenverachtung des Doctors. Die „Armen" haben kein Bewusstsein dafür, dass sie als soziale Klasse zusammengehören; sie verständigen sich nicht über ihre Lage und verfügen nicht über eine gemeinsame ‚Sprache' und ‚Weltanschauung'.

Die Figurenkonstellation im „Woyzeck"

In einem Brief an seine Familie vom 28. Juli 1835 geht Büchner anlässlich des Erscheinens seines ersten Dramas („Dantons Tod") u. a. auf die Darstellungsmittel des Dramatikers ein. Er greift dabei den spätestens seit Aristoteles üblichen Vergleich eines Historikers mit einem Dichter auf und schreibt:

Figuren als Darstellungsmittel des Dramatikers

> „... der dramatische Dichter ist in meinen Augen nichts als ein Geschichtsschreiber, steht aber über Letzterem dadurch, daß er uns die Geschichte zum zweiten Mal erschafft und uns gleich unmittelbar, statt eine trockne Erzählung zu geben, in das Leben einer Zeit hinein versetzt, uns statt Charakteristiken Charaktere, und statt Beschreibungen Gestalten gibt. Seine höchste Aufgabe ist, der Geschichte, wie sie sich wirklich begeben, so nahe als möglich zu kommen."

Ferner heißt es in diesem Brief, „der Dichter erfinde Gestalten von Fleisch und Blut, deren Leid und Freude" den Zuschauer „mitempfinden" lassen, „deren Tun und Handeln" ihm „Abscheu oder Bewunderung einflößen". Die Thematik eines Dramas, so darf im Sinne Büchners geschlossen werden, entfaltet sich an den Figuren des Spiels, die „realistisch" darzustellen sind. Die dramatischen Figuren müssen wirklichen Menschen nachempfunden sein, da nur solche eine Wirkung auf den Zuschauer ausüben, aber auch, weil im Spiel die Realität nachgebildet werden soll. Folglich sind die Figuren so zu zeichnen, dass durch sie Aspekte der darzustellenden Wirklichkeit den Zuschauern gezeigt werden können.
Im „Woyzeck" bewirken die genannten Prinzipien der Darstellung, dass die gesellschaftliche Realität im Zeitalter der Restauration (1815–1848) an den Beziehungen zwischen den wichtigen Figuren deutlich wird.

Die Grundkonstellation „Reiche" – „Arme"

Grundlegend dabei ist der Gegensatz zwischen den „Reichen" und „Gebildeten" einerseits und den „Armen" und „Ungebildeten" andererseits. Die erste Gruppe ist mit nur zwei Figuren vertreten, dem Hauptmann und dem Doctor. Es sind die Repräsentanten der feudalen Schicht und des Bürgertums. Sie werden im Stück nicht als wirkliche Individuen gezeichnet. Büchner ordnet sie durch die Rang- und Berufsbezeichnung ihrer jeweiligen sozialen Klasse zu und gestaltet sie als deren typische Vertreter. Als solche tragen sie keine Namen. Sie haben die Macht, leben in guten materiellen Verhältnissen, verfügen über Herrschaftswissen und verwenden die Hochsprache, der Doctor zusätzlich die Fachsprache der Naturwissenschaften. Bestimmte Züge ihrer Klassen werden von Büchner karikaturhaft übersteigert, so die Neigung zum Weltschmerz, zur Melancholie, zur Inaktivität beim Hauptmann, die Wissenschaftsgläubigkeit, die Dynamik, die Rationalität beim Doctor. Diese karikierende Darstellung entlarvt die beiden – und damit die feudale Schicht und das Bürgertum – als skrupellose Unterdrücker der Armen. Zu ihnen zählen alle anderen Figuren des Stückes, wenn man vom Arzt und vom Richter absieht, die allerdings nur in einer Szene auftreten und nichts sagen (stumme Personen). Das zahlenmäßige Ungleichgewicht – zwei Figuren aus der Klasse der Reichen stehen mehr als zwanzig Arme gegenüber – kann als angemessene Spiegelung der Realität gesehen werden. Das quantitative Verhältnis der beiden Gruppen in der Restaurationsgesellschaft Deutschlands beschreibt Büchner im „Hessischen Landboten“ folgendermaßen:

> „Hebt die Augen auf und zählt das Häuflein eurer Presser, die nur stark sind durch das Blut, das sie euch aussaugen und durch eure Arme, die ihr ihnen willenlos leihet. Ihrer sind vielleicht 10.000 im Großherzogtum [Hessen] und Eurer sind es 700.000 und also verhält sich die Zahl des Volkes zu seinen Pressern auch im übrigen Deutschland.“

Im Gegensatz zur feudalen Schicht müssen die Armen arbeiten. Das verbindet sie mit dem Bürgertum, das die müßiggängerische Lebensweise des feudalen Hauptmanns nicht teilt. Während aber der Arbeitsertrag des bürgerlichen Doctors zu gesicherten materiellen Verhältnissen führt, bleiben die Armen trotz eines hohen Arbeitsaufwandes arm. Ferner unterscheiden sie sich von beiden reichen Klassen dadurch, dass sie ungebildet sind. Sie haben keinen Zugang zur modernen Wissenschaft, sprechen Dialekt und sind in einer naiven, teilweise vom Aberglauben beeinflussten Weltsicht befangen. Von den beiden herrschenden Klassen abhängig, sind sie der machtlose Spielball fremder Interessen. Sie werden unterdrückt.

Typisierung und Charakterisierung

Auch bei den Armen greift Büchner zu den Mitteln typisierender Darstellung. Das gilt z. B. für Margreth, die feindselige Nachbarin Maries, oder die Wirtshausbesucher in ihrer Trunkenheit, Wollust und verbalen Grobheit. Allerdings werden einige Figuren dieser Gruppe – insbesondere Woyzeck und Marie, in Ansätzen auch Andres – als menschliche Individuen charakterisiert. Nur für die Armen verwendet Büchner Eigennamen, und zwar nicht nur für die Hauptfiguren Woyzeck und Marie, sondern auch für Nebenfiguren wie Andres, Margreth, Karl und Käthe. Die Sympathie und das Mitleid der Zuschauer werden auf die Armen gelenkt, der Hauptmann und der Doctor rufen beim Publikum Abneigung und Verachtung hervor.

Stellung des Tambourmajors

Eine Sonderstellung nehmen der Tambourmajor und der ihn in einer Szene begleitende Unterofficier ein. Sowohl ihrer Lebensweise und Sprache als auch ihrem Sozialstatus nach gehören sie zu den Armen. Aber sie empfinden sich subjektiv als höher gestellt. Dieses Gefühl zwingt den Tambourmajor dazu, sich ständig als der Überlegene in den Vordergrund zu stellen, insbesondere in der Auseinandersetzung mit Woyzeck. Seine Überlegenheit ist aber keineswegs sprachlicher, intellektueller oder sozialer Natur; sie gründet einzig und allein auf körperlicher Stärke und einer imposanten Erscheinung.

Unter sozialem Aspekt lassen sich alle Personen des Stückes erfassen. Darüber hinaus kann man einzelne Figurengruppen erkennen, die eine bestimmte Funktion erfüllen oder eine spezifische Rolle spielen.

Figuren der Eifersuchtstragödie

An der Eifersuchtstragödie sind unmittelbar drei Figuren beteiligt: Woyzeck, Marie und der Tambourmajor. Drei weitere nehmen in ihren Dialogbeiträgen auf die Vorgänge um diese drei Bezug: der Unterofficier, der mit dem Tambourmajor Marie als attraktive Frau entdeckt, Margreth, welcher der Tambourmajor ebenso imponiert wie Marie, und der Hauptmann, der seinen Spaß daran hat, Woyzeck als Betrogenen zu verspotten und ihn leiden zu sehen.

Milieufiguren im Mordkomplex

Als Nebenfiguren innerhalb des Mordkomplexes treten auf der Jude, bei dem Woyzeck die Mordwaffe ersteht, der Wirth und Käthe, die im Wirtshaus die Blutspuren an Woyzeck entdecken, die beiden Personen, wie die Ohrenzeugen des Mordes genannt werden, die drei Kinder, die Maries Leiche sehen wollen, und der Gerichtsdiener, der sensationslüstern von einem „guten Mord“, einem „ächten Mord“, einem „schönen Mord“ spricht. Sie gehören zum Milieu, in dem Woyzeck lebt und der Mord geschieht.

Andres und Karl

Andres und Karl, der Idiot, sind Woyzeck zugeordnet, der erste als Kamerad, der allerdings, im Gegensatz zur traditionellen Vertrautenfigur der Theatergeschichte, nicht alles von Woyzeck, der Hauptfigur, erfährt und ihn häufig nicht versteht. Den Narren verbindet mit Woyzeck das Motiv des Wahnsinns, aber er hat einen zu geringen Sprechanteil, als dass er ein Spiegel Woyzecks sein könnte. Er ist eine Nebenfigur.

Die kommentierenden Figuren

Große Bedeutung kommt den Personen zu, die innerhalb des Stückes gleichnishaft die Situation Woyzecks darstellen. Sie bedienen sich dabei literarischer Textformen, die vom dramatischen Dialog oder Monolog deutlich unterschieden sind. Die Großmutter erzählt ein Märchen, der erste Handwerksbursch predigt für die Wirtshausbesucher, der Ausrufer und der Marktschreier halten Ansprachen an das Publikum auf dem Jahrmarkt. Der Leierkastenmann und das zu seiner Musik tanzende Kind könnten eine ähnliche Funktion erfüllen, wäre ihr Textanteil nicht auf drei gesungene Verse beschränkt. So sind es Nebenfiguren.

Woyzeck: Die Hauptfigur des Stückes

Woyzeck ist die Hauptfigur des Stückes. Nur ihn berühren alle wichtigen Themen (Gesellschaft, Eifersucht, Einsamkeit, Sprachlosigkeit, Wahnsinn). Von den Armen ist Woyzeck der einzige, der mit den Repräsentanten der Feudalschicht und des Bürgertums direkten Umgang hat. Nur Woyzecks Lage als Armer wird umfassend dargestellt, während die anderen Mitglieder dieser Klasse weitgehend lediglich dazu dienen, das Milieu, in dem Woyzeck lebt, zu veranschaulichen. Woyzeck hat innerhalb des Stückes die meisten Szenenauftritte, den größten Redeanteil und als Figur die Möglichkeit, mehrere Szenen monologisch zu gestalten.

Woyzeck ist in der deutschen Literaturgeschichte die

erste Hauptfigur einer Tragödie, die nicht den höchsten gesellschaftlichen Schichten oder dem Bürgertum entstammt. Aber er ist auch noch kein Proletarier, kein Industriearbeiter, wie ihn die Industrialisierung des 19. Jahrhunderts hervorbringt. Ebenso wenig zählt er zu den Bauern oder Handwerkern. Er kann am ehesten zu den sogenannten Paupern (von lat. pauper = arm) gerechnet werden, die während der Restaurationsepoche als häufig nicht sesshafte Tagelöhner, Land- und Gelegenheitsarbeiter sowie als einfache Soldaten ein kümmerliches Leben führen mussten. Büchner zählt sie, wie die Masse der Bauern und Handwerker, zu den Armen, die den herrschenden Feudalen und den Besitzbürgern sowie ihren Dienern (Beamte, Offiziere usw.) gegenüberstehen.

Ein Armer als Hauptfigur einer Tragödie

Woyzeck ist Füsilier, d. h. Infanterist. Er erhält als Soldat Verpflegungsgeld, das nicht ausreicht, Marie, das Kind und sich selbst zu ernähren. Daher kann er nicht heiraten, ja er muss sogar Nebenbeschäftigungen verrichten, um genügend Geld zu verdienen. Dadurch begibt er sich in die wirtschaftliche Abhängigkeit von Angehörigen der reichen Gesellschaftsklasse. Er ist in seiner materiellen Existenz ständig bedroht, sieht sich erheblichem körperlichen, seelischen und gesellschaftlichen Druck ausgesetzt und reagiert auf diese Situation mit Angst, psychischer Deformation und religiös gespeisten Wahnvorstellungen. Insbesondere dadurch isoliert er sich zwangsläufig von den Menschen, die sich in einer vergleichbaren sozialen Lage befinden, und entfremdet sich Marie.

Die Figur Woyzeck

Marie, die weibliche Hauptfigur des Stückes, ist seit ungefähr zwei Jahren mit Woyzeck verbunden. Sie entstammt derselben gesellschaftlichen Klasse wie Woyzeck und sieht sich als unverheiratete Mutter starkem sozialen und moralischen Druck ausgesetzt. Es handelt sich bei Marie um eine sehr attraktive Frau, deren erotische Ausstrahlung auf Männer faszinierend wirkt. Sie ist bis zu einem gewissen Grad ein Naturwesen, das von seiner Sinnlichkeit und natürlichen Bedürfnissen in den Treuebruch mit dem Tambourmajor getrieben wird. Aber sie hat auch ein Gespür dafür, dass ihr Leben und dasjenige Woyzecks von den gesellschaftlichen Verhältnissen bestimmt werden und sie Woyzeck keinen Vor-

Marie: Die weibliche Hauptfigur des Stückes

wurf wegen seines Verhaltens ihr gegenüber machen darf. Folglich verurteilt sie ihren Treuebruch. Da sie, genau wie Woyzeck, in den strengen Kategorien der Sünde, Schuld und Strafe denkt, wie sie für das volkstümliche religiöse Bewusstsein des 19. Jahrhunderts bezeichnend sind, spricht sie sich selber das Urteil, das Woyzeck mit dem Mord vollzieht.

Figuren als Darstellungsmittel des Dramatikers

zentraler sozialer **Konflikt** der Restaurationsepoche	die Reichen und Gebildeten	die Armen und Ungebildeten
Darstellung	**Typen** ohne Namen, mit Rang- und Berufsbezeichnungen (**Hauptfiguren**: Hauptmann, Doctor; **stumme Personen:** Arzt, Richter)	**Charaktere** mit Namen (**Hauptfiguren:** Woyzeck, Marie; **Nebenfiguren:** Andres, Margreth, Karl, Käthe)
soziale Klassifizierung	Macht gute materielle Verhältnisse Herrschaftswissen Hochsprache, Fachsprache Minderheit (10.000 Menschen in Hessen)	Ohnmacht Armut ungebildet, abergläubisch Umgangssprache, Dialekt Mehrheit (700.000 Menschen in Hessen)
Bewertung	**Karikatur** (Weltschmerz, Melancholie, Inaktivität – Fortschrittsglaube, Rationalität, Dynamik) Unterdrücker (Arroganz, Hochmut)	**Realismus** (Pauperismus, Objekte fremder Interessen, niedere Arbeiten) Unterdrückte (Vereinzelung, Naivität, Natürlichkeit)
Intention und Wirkung	**Verachtung**, Hass	**Mitleid**, Sympathie
Zu den Armen und Ungebildeten gehören auch – in der Eifersuchtshandlung: Tambourmajor, Unterofficier, – als Milieufiguren: Jude, Wirth, Gerichtsdiener, Kinder, Ohrenzeugen, – als kommentierende Figuren: Großmutter, Handwerksbursche, Ausrufer, Marktschreier, Leierkastenmann.		

Zur dramatischen Form des Stückes

Volker Klotz hat zwei typische Bauformen des Dramas unterschieden: die „geschlossene" und die „offene". Sie bilden diametrale Gegensätze, bezogen auf die dramatische Handlung und die Komposition, die Zeit und den Raum, die Personen und die Sprache.

„Woyzeck" als Drama der offenen Bauform

Mit Hilfe der von Klotz analysierten Bauformen lässt sich Büchners „Woyzeck" als offenes Drama beschreiben. Man sollte allerdings einschränkend darauf hinweisen, dass Büchners Stück nur in Fragmenten überliefert ist und die Analyse einer Bühnen- oder Lesefassung somit von einer Textgrundlage ausgeht, die von Herausgebern hergestellt worden ist und nicht unbedingt der von Büchner gewollten Form entspricht. Außerdem sollte berücksichtigt werden, dass Klotz vom „Woyzeck"-Text der Ausgabe Bergemanns ausgeht. Diese Edition gilt inzwischen als überholt. Aus heutiger Sicht ist es nicht mehr sinnvoll, die Bühnen- und Lesefassung des „Woyzeck" wie Bergemann mit der Rasierszene zu eröffnen und mit der Teichszene zu beschließen. Trotzdem ist der Begriff „offene Form" in der Auffassung Klotz' geeignet, wesentliche Aspekte des „Woyzeck" zu beleuchten.

Personen

Keine Ständeklausel im offenen Drama

Seit der Antike gilt für das geschlossene Drama die Regel, dass Personen hohen Standes in der Tragödie und Personen niederen Standes in der Komödie auftreten. Die Tragödie sollte den Sturz einer hoch gestellten Persönlichkeit darstellen. Für die Tragödie der offenen Bauform hat diese Ständeklausel keine Gültigkeit. So ist auch Woyzeck kein tragischer Held im traditionellen Sinne, sondern eine Figur aus der großen Masse der Armen. Das Drama kann Woyzecks Sturz nicht zeigen, denn er befindet sich von Anfang an „unten".

Mangelndes Bewusstsein und fehlende Mündigkeit

Die Figuren des geschlossenen Dramas sind bewusst handelnde und mündige Personen. Das gilt für Büchners „Woyzeck" nicht. Niemand in diesem Stück durchschaut die sozialen Zusammenhänge, von denen alle beherrscht werden. Eine voll ausgereifte Persönlichkeit tritt nicht auf, wohl aber Menschenkarikaturen wie der Doctor und der Hauptmann, Betrunkene wie der Tambourmajor, die Handwerksburschen und die anderen Wirtshausgäste sowie Unmündige (Kinder) und Irre (Karl). Woyzeck ist körperlich und seelisch von den Experimenten des Doctors gezeichnet; Marie wird von der sozialen Diskriminierung zerstört, ist sich ihrer gesellschaftlichen Lage aber nicht bewusst.

Bedeutung des Körperlichen

Im offenen Drama gewinnt die körperliche und biologische Befindlichkeit der Personen an Gewicht. Marie z. B. leidet nicht nur unter ihrem schlechten Gewissen, sondern auch unter der schwülen Atmosphäre ihres Zimmers; sie fühlt sich triebhaft zum Tambourmajor hingezogen. Woyzeck setzt sich mit ihm nicht verbal durch ein Gespräch, sondern körperlich in einem Kampf auseinander. Seine geistige Verwirrung ist auch auf die medizinischen Experimente des Doctors, insbesondere auf die Erbsendiät zurückzuführen.

Diese Beispiele und noch viele andere zeigen, dass die Personen des „Woyzeck" in ihrem Verhalten, Denken, Sprechen und Fühlen von ihrem Körper entscheidend bestimmt werden. Ihre „biologische Determiniertheit" versagt „ihnen den Abstand, die sichere Distanzposition, von wo aus sie das Begegnende reflektierend durch Vergleich und Urteil bewältigen könnten. Hinzu kommt, dass sie als einsam Isolierte aus übergeordneten ideellen Zusammenhängen herausgelöst sind, aus Zusammenhängen, die von sich aus und von vornherein den Erscheinungen und Begebenheiten der Welt eine deutende Einordnung mitgeben" (Klotz, a.a.O., S. 140 f.). Da sie nicht mit einem hohen Maß an Reflexion antworten können, werden sie vom Unbewussten, von augenblicklichen Emotionen, Ahnungen und abergläubischen Vorstellungen geleitet.

Hohe Anzahl der Personen

Das geschlossene Drama zeichnet sich durch eine geringe Zahl von Figuren aus; im offenen Drama wird die Hauptperson mit zahlreichen Neben- und Randfiguren auf die Bühne gestellt, um sie in der Auseinandersetzung mit vielen Situationen und den ihnen entsprechenden Menschen zu zeigen. Woyzeck, die Hauptfigur, hat aber keinen Gegenspieler, dem im Stück fast das gleiche Gewicht zukäme wie ihm selbst. Er ist kein Protagonist, der auf einen ebenso bedeutenden Antagonisten trifft. Allerdings wird die Hauptperson dramaturgisch auch nicht so angelegt, dass sie die Handlung wesentlich voranträgt. Woyzeck ist vielmehr ein Getriebener, ein Opfer der Umstände, Situationen und sozial mächtigen Personen.

Handlung

Komposition der Handlung im geschlossenen Drama

Das geschlossene Drama zeichnet sich durch eine „einzige, abgeschlossene und vollständige Handlung von einer bestimmten Größe“ aus mit „Anfang, Mitte und Schluß“, wobei die „Teile der Handlung so zusammengesetzt“ sind, „daß das Ganze sich verändert und in Bewegung gerät, wenn ein einziger Teil umgestellt oder weggenommen wird“ (Aristoteles, a.a.O., S. 30, 35, 59).
Hier wird das Ganze der Handlung in Akte gegliedert, die deutlich voneinander getrennt sind, aber aufeinander aufbauen, so dass der vorangehende Akt immer notwendig ist, um die Handlung des folgenden sich vollziehen zu lassen. Die gleiche Funktionalität gilt auch für die Einzelszenen innerhalb eines Aktes, die in ihrer Reihenfolge unabänderlich festgelegt sind. Das geschlossene Drama ist auf die Haupthandlung konzentriert, die auf einen Höhepunkt, ein Ende, eine Lösung, eine Katastrophe hinführt. Die Vorgeschichte wird nicht auf der Bühne dargestellt, sondern in den Dialogen und Monologen insbesondere des ersten Aktes, der Exposition, den Zuschauern vermittelt. Ereignisse, die den Verlauf der Handlung beeinflussen, aber nicht unmittelbar dazu gehören, werden nicht gezeigt, sondern von bestimmten Personen berichtet (sogenannter Botenbericht).

Komposition der Handlung im offenen Drama

Das offene Drama zeigt eine völlig andere Komposition. Es gibt keine geschlossene Handlung. Dem „Woyzeck“ fehlt der gestufte Aufbau und die Gliederung durch Akte, die logisch aufeinander folgen und funktional auf das Ganze der Handlung bezogen sind. Folglich kommt den einzelnen Szenen ein großes Gewicht zu. Aber auch die Einzelszenen sind nicht so aneinander gereiht, dass

Gewicht der Einzelszenen

sie nur in **einer** bestimmten Folge stehen könnten, weil dies notwendig wäre, um die Handlung von ihrem Ausgangs- zu ihrem Endpunkt zu führen. So besteht z. B. keine von der Handlung motivierte zwingende Notwendigkeit, dass Woyzeck zunächst mit dem Hauptmann und dann mit dem Doctor konfrontiert wird; es könnte ebenso umgekehrt sein. Die Einzelszenen funktionieren nicht als Bausteine innerhalb des Handlungsgebäudes, sondern sollen jeweils einen Aspekt des Geschehens, eine bedeutsame Situation, in die sich die Figuren versetzt sehen, zeigen. Sie können zu einer Art Mosaik zusammengesetzt werden, wobei sich allerdings kein geschlossenes Gesamtbild ergibt, da nur einzelne Ausschnitte gezeigt werden. Man könnte im Falle des „Woyzeck" an viele Szenen denken, die das Mosaik ergänzen oder verfeinern würden; eine Liebesszene mit Woyzeck und Marie wäre genauso vorstellbar wie eine militärische mit dem Hauptmann als Vorgesetztem sowie Woyzeck und Andres als Untergebenen etc.

> „Die Szene im offenen Drama ist Ausschnitt, herausgebrochenes Stück aus einem großen, komplexen Geschehnisganzen, das größer und umfassender ist als die im Drama erscheinende Handlung" (Klotz, S. 149).

Verknüpfung der Szenen

Die Selbständigkeit der einzelnen Szenen im offenen Drama geht aber nicht so weit, dass sie beziehungslos nebeneinander stünden. Es gibt einige Kompositionsmittel, die sie miteinander verbinden. Dieser Mittel bedient sich Büchner im „Woyzeck". Klotz nennt als Verknüpfungsmöglichkeiten im offenen Drama u. a. die Variation, den Kontrast und die metaphorische Verklammerung.

Variation

Bestimmte Szenentypen kehren im „Woyzeck" mehrere Male wieder. Es handelt sich dabei nicht um bloße Wiederholungen. Obwohl z. B. die drei Wirtshausszenen einiges gemeinsam haben, sind sie nicht identisch, sondern zeichnen sich durch situative und inhaltliche Variationen aus. In allen drei Szenen werden frivole Lieder gesungen, „jedesmal findet ein enger körperlicher Kontakt statt: Marie tanzt mit dem Tambourmajor (a), der Tambourmajor ringt mit Woyzeck (b), Woyzeck tanzt mit Käthe (c); a und b sind außerdem durch das Wortmotiv ‚Branntwein' verbunden, a und c durch die metaphorische Verklammerung ‚heiß', b und c durch die Bild-

bildung ‚Blut'" (Klotz, S. 153f.). Aber die Situation und die seelische Verfassung Woyzecks sind jeweils verschieden. In der ersten Wirtshausszene wird Woyzeck das Verhältnis Maries mit dem Tambourmajor zur Gewissheit; die zweite zeigt Woyzecks vergeblichen Versuch, sich am Tambourmajor zu rächen; die dritte spielt nach dem Mord an Marie. Die erste Wirtshausszene enthält in der Form der Predigt des betrunkenen Handwerksburschen einen Kommentar, welcher sich auf das gesamte Stück und die Figur Woyzeck bezieht. Das verbindet sie mit den Szenen, in denen der Ausrufer und der Marktschreier sowie die Großmutter mit ihren Reklamereden und Märchen auftreten.

Kontrast

Die Szenen des Stückes werden durch den Ort, an dem sie spielen, miteinander verknüpft oder einander entgegengesetzt. Den auffälligsten Kontrast bilden solche Szenen, die in enge Räume, und solche, die in freies Gelände oder auf weite Plätze gelegt sind. Das „freie Feld" mit der „Stadt in der Ferne" aus der Eröffnungsszene kehrt als Ort des Geschehens mehrere Male wieder. Hier lauscht Woyzeck den Stimmen, die ihm befehlen, Marie zu töten. Der Mord, die unmittelbar folgende Szene „Es kommen Leute", die beiden Monologe Woyzecks im Anschluss an den Mord und der sensationslüsterne Kommentar des Gerichtsdieners sind ebenfalls hierher verlegt. Den stärksten Kontrast dazu bilden die in geschlossenen Räumen innerhalb der Stadt spielenden Szenen, insbesondere die Kammerszenen, in denen Marie im Mittelpunkt steht, und die drei Auftritte Woyzecks mit Andres in der „Wachtstube" bzw. „Caserne". Die Jahrmarktsszene und die mit „Gasse" bzw. „Straße" überschriebenen Auftritte sind gewissermaßen Verbindungen zwischen der Weite vor der Stadt und der Enge in den Gebäuden.

Das Stück wird eröffnet mit einer Szene vor der Stadt: Woyzeck und Andres schneiden Stöcke. Im Kontrast dazu zeigt die zweite Szene Marie in ihrer Kammer; sie schaut zur Straße, auf der Soldaten, darunter der Tambourmajor, paradieren. Auch im weiteren Verlauf des Stückes wird der Wechsel von geschlossenen zu halb offenen und weiten Räumen als Darstellungsmittel genutzt. In der Szene „Die Wachtstube" sagt Woyzeck zu Andres, er habe „kei Ruh", er müsse fort: „Ich muß hinaus, s'ist so heiß da hie." Die nächste Szene spielt im und vor dem Wirtshaus: Der erste Handwerksbursch hält seine Predigt, Woyzeck beobachtet Marie und den Tambourmajor. Er wird weiter getrieben ins „Freie Feld“, wohin ihn Maries Worte „Immer zu, immer zu.“ verfolgen. Hier hört er Stimmen, die ihm Marie zu töten befehlen. Auch als er in einen geschlossenen Raum zurückkehrt – die nächste Szene zeigt ihn mit Andres in einem Bett –, wird er von Stimmen heimgesucht: „... ich kann nit schlafe, wenn ich die Aug zumach, dreht sich's immer und ich hör die Geigen, immer zu, immer zu und dann spricht's aus der Wand ... Es redt immer: stich! stich!“ Diese vier Szenen bilden nicht nur wegen des Ortswechsels und der Rückkehr Woyzecks in einen geschlossenen Raum eine Einheit. Sie werden auch durch sprachliche Motive – „Immer zu“, „Stich!“, „Tanz!“, „Musik“ – miteinander verknüpft.

Metaphorische Verklammerung

Solche verbale Verknüpfungen einzelner Szenen wirken wie Motive, die in einem Musikstück gleich oder variiert immer wieder aufgenommen werden. Büchner verwendet häufig sprachliche Bilder und Gleichnisse in dieser Funktion. In der Mordszene sagt Marie: „Was der Mond **roth** auf geht.“ Woyzeck ergänzt: **„Wie ein blutig Eisen.“** Die Farbe Rot, die Assoziation mit Blut und der Vergleich des Mondes mit einem blutigen Eisen kommen auch in den folgenden Szenen vor:

> WOYZECK: „Ja wahrhaftig! ich möchte mich nicht **blutig** machen.“
>
> KÄTHE: „Aber was hast du an deiner Hand?“
>
> WOYZECK: „Ich! Ich?“
>
> KÄTHE: **„Roth, Blut!“** [...]
>
> WOYZECK: **„Blut? Blut!“**
>
> WIRTH: „Uu **Blut**.“ (Das Wirthshaus)
>
> WOYZECK: „Was bist du so bleich, Marie?
> Was hast du eine **rothe** Schnur um den Hals?“
> (Abend. Die Stadt in der Ferne)
>
> WOYZECK: „Der Mond ist **wie ein blutig Eisen**! [...]
> Bin ich noch **blutig**?“ (Woyzeck an einem Teich)
>
> ERSTES KIND: ... „Drauß liegt eine!“
>
> ZWEITES KIND: „Wo?“
>
> ERSTES KIND: „Links über die Lochschanz in dem Wäldche, am **rothen** Kreuz.“ (Straße)

Sprachliche Verknüpfung von Einzelszenen

Beispiel: Das Motiv ‚**Messer – schneiden – stechen**' als ständiger Hinweis auf den Mord

vor dem Mord
Woyzeck und Andres **schneiden** Stöcke im Gebüsch. (Sz. 1)
Marie: Ich könnt' mich **erstechen.** (Sz. 4)
Woyzeck rasirt den Hauptmann mit einem **Messer.** (Sz. 5)
Hauptmann: Er läuft ja wie ein offnes **Rasirmesser** durch die Welt, man **schneidt** sich an Ihm ... (Sz. 9)
Hauptmann: Er **ersticht** mich mit seinen Augen ... (Sz. 9)
Woyzeck: **... stich, stich** die Zickwolfin todt. (Sz. 12)
Woyzeck: Es redt immer: **stich! stich!** und zieht mir zwischen den Augen wie ein **Messer.** (Sz. 13)
Andres: Du mußt Schnaps trinke und Pulver drin, das **schneidt** das Fieber. (Sz. 13)
Woyzeck: Was kost das **Messer**? (Sz. 15)
Woyzeck: Das kann mehr als Brot **schneide.** (Sz. 15)
Marie: Das Kind giebt mir einen **Stich** in's Herz. (Sz. 16)

↓ ↓ ↓

in der Mordszene
Er zieht das **Messer.**

↑ ↑ ↑

nach dem Mord
Woyzeck: Ich glaub ich hab' mich **geschnitten** ... (Sz. 22)
Woyzeck: Das **Messer**? Wo ist das **Messer**? (Sz. 23)
Woyzeck: Das **Messer**, das **Messer**, hab ich's? (Sz. 23)
Er wirft das **Messer** hinein. (Sz. 24)

Diese Metaphorik wird nicht erst im Mordkomplex, sondern bereits vorher verwendet. Marie spricht von ihrem „**rothen** Mund" („Kammer I"), Woyzeck und der Hauptmann verwenden die Formel „Fleisch und **Blut**" („Der Hauptmann. Woyzeck"), Woyzeck sagt zu Marie: „Du hast ein **rothe** Mund" („Auf der Gasse") etc.
Andere metaphorische Motivkomplexe, die verschiedene Szenen miteinander verknüpfen, sind das „Bild der Abwärtsbewegung" (Klotz, S. 105) und die Adjektive „heiß und kalt".
Woyzeck „stampft auf den Boden" und sagt zu Andres: „Alles hohl da unten." Der Unterofficier und der Tambourmajor sprechen über Marie: „Wie sie den Kopf trägt, man meint das schwarz Haar müßt sie abwärts ziehn, wie ein

Gewicht, und Auge, schwarz ... Als ob man in ein Ziehbrunn oder zu eim Schornstein hinabguckt." Woyzeck wirft das Messer in den Teich: „So da hinunter!"
In der Straßenszene versucht Woyzeck, seine Gefühlslage mit einem Bild auszudrücken: „Herr Hauptmann, die Erd ist höllenheiß, mir eiskalt! eiskalt, die Hölle ist kalt ..." Später spricht Woyzeck mit Andres über den Tanz vor der Stadt: „Vorhin sind die Weibsbilder hinaus, die Mensche dampfe ... Was sie heiße Hände habe ... s'ist so heiß da hie." Als er Marie mit dem Tambourmajor beim Tanz beobachtet, sagt er: „Das Weib ist heiß, heiß!"
Im Mordkomplex häufen sich Formulierungen, die diesem Bildkomplex angehören:

> WOYZECK: „Friert's dich Marie? und doch bist du warm. Was du heiße Lippen hast! (heiß, heiß Hurenathem und doch möcht' ich den Himmel geben sie noch einmal zu küssen) und wenn man kalt ist so friert man nicht mehr. Du wirst vom Morgenthau nicht frieren."
> (Abend. Die Stadt in der Ferne)
>
> WOYZECK: „Ich hab heiß, heiß [...] Käthe du bist heiß! Warum denn? Käthe du wirst auch noch kalt werden. [...] man kann auch ohne Schuh in die Höll gehn."
> (Das Wirthshaus)
>
> WOYZECK: „Da liegt was! Kalt, naß, stille."
> (Abend. Die Stadt in der Ferne)

Textur statt Struktur

Solche Bildketten haben die Funktion, durch metaphorische Verklammerung einzelner Szenen die „zersprengte Handlung" (Klotz, S. 106) eines offenen Dramas zusammenzuhalten. Das geschieht nicht durch die Struktur der Handlungsführung, sondern durch leitmotivisch gebrauchte Wörter und Bilder, durch den Text: „Die Textur übernimmt Aufgaben der Struktur" (Klotz, S. 106).

Der offene Schluss

Das Fehlen einer Handlungsstruktur im traditionellen Sinne zeigt sich beim „Woyzeck" besonders deutlich am Ende des Stückes. Während die Handlung eines geschlossenen Dramas zu einem abrundenden Schluss hinführt, sei es in Form einer Katastrophe (Tragödie) oder einer Lösung der Verwicklungen (Komödie), fehlt der Handlung des „Woyzeck" ein solches Ziel. Das Stück hat ein offenes Ende, es könnte durch weitere Szenen fortgesetzt werden, würde aber auch dann zu keiner befriedigenden Lösung finden.

„Zwar hört es irgendwo auf [...] aber Aufhören, Verstummen des Dramas und dramatischer Schluß im traditionellen Sinn sind doch sehr verschiedene Dinge. Das Drama, so könnte man sagen, nähert sich einem Endpunkt, den es zugleich verweigert. Woyzeck lebt nach der Tat weiter, will tun, als sei nichts geschehen, wagt sich sogar in die Öffentlichkeit, geht ins Wirtshaus, will seinen Alltag fortsetzen und gerät sofort in Schwierigkeiten, denen er nicht gewachsen ist."
(Jan Thorn-Prikker, a.a.O., S. 132)

Die Teichszene als Schluss

Der Versuch Bergemanns, dem Stück dadurch einen befriedigenden Schluss zu geben, dass die Teichszene ans Ende gesetzt wird, was das Ertrinken Woyzecks nahe legt, überzeugt nicht. Er wird weder durch die Handschriften Büchners noch die historischen Vorgänge gestützt. Ferner entzieht sich der Inhalt dieser Szene einer solchen Deutung: „... die Szene selbst zeigt Woyzeck lediglich, wie er sein Tatwerkzeug beseitigen will und es zu nah am Rand des Teiches wähnt, in den er es geworfen hat. Er sieht sich so von Entdeckung bedroht, geht in den Teich und wirft es noch einmal weiter hinein. Mehr steht in dieser Szene nicht." (Thorn-Prikker, S. 133)

Raum und Zeit

Einheit des Ortes und der Zeit im geschlossenen Drama

Für geschlossene Dramen gilt weitgehend die Regel von der Einheit des Ortes und der Zeit. Streng genommen soll sich die auf der Bühne gezeigte Handlung danach an nur einem Ort (Zimmer, Gebäude, Platz, Stadt) abspielen und nur einen Tag (in der „Poetik" des Aristoteles ist von „einem einzigen Sonnenumlauf" die Rede, a.a.O., S. 30) umfassen. Obwohl die Regel von der Einheit des Ortes und der Zeit in der strengen Fassung häufig nicht beachtet wird, bleibt es richtig zu sagen, dass eine kurze Zeitdauer, die sich nach Stunden oder Tagen bemisst, und die „abgemessene Einförmigkeit eines gleichbleibenden Raumes" (Klotz, S. 120) für das geschlossene Drama charakteristisch sind, da die Handlung auf den Höhepunkt und das Ende einer langen Entwicklung konzentriert ist und sie möglichst lückenlos präsentieren will.

Keine Einheit des Ortes und der Zeit im offfenen Drama

Für das offene Drama gelten die Einschränkungen der Regel von der Einheit des Ortes und der Zeit nicht. Die einzelnen Szenen können an völlig verschiedenen Schauplätzen spielen; es gibt keine zeitliche Begrenzung, nicht einmal die Notwendigkeit, durch Zeitangaben die Dauer der Handlung festzulegen.
Büchner zeigt Woyzeck in vielen verschiedenen Situationen und konfrontiert ihn dabei mit zahlreichen Personen.

Die Spielorte im „Woyzeck"

Die Spielzeit im „Woyzeck"

Daraus ergibt sich zwangsläufig, dass die einzelnen Szenen an verschiedenen Orten spielen müssen: vor der Stadt im freien Feld, in Maries Kammer, auf dem Jahrmarkt etc. Ebenso zwangsläufig ist die Konsequenz, dass diese Fülle von Einzelszenen nicht an einem einzigen Tage denkbar ist. Andererseits kann man sich vorstellen, dass bestimmte Szenen, die auf der Bühne nacheinander gespielt werden, gleichzeitig ablaufen. So könnte die Verführungsszene in Maries Kammer zeitgleich sein mit der Rasierszene oder der Kauf des Messers mit der Bibellektüre Maries. Es kommt bei den Szenen des „Woyzeck" nicht auf eine genaue zeitliche Datierung an. Die Zeitdauer des ganzen Stückes und der Zeitpunkt der Einzelszenen sind unwichtig, da die Handlung kein bestimmtes, kurzes Zeitkontinuum verlangt. Was gezeigt werden soll, sind eine Reihe von konkreten Situationen, die das Bild eines gesellschaftlichen Zustandes ergeben, dem Woyzeck zum Opfer fällt.

Selbstinterpretation des Stückes

Formen der Selbstinterpretation des Stückes

Ein Drama, das keine Lösung vermittelt, dessen Personen keine autonomen Individuen sind, sondern Figuren, die von den Verhältnissen determiniert sind und unter Sprachlosigkeit leiden, kann seinen Sinnzusammenhang, die Grundidee, nicht im Dialog aufzeigen. Es bedarf des Kommentars. Wird dieser Kommentar in das Drama eingebaut, interpretiert sich das Drama selbst. Diese Selbstinterpretation wird zwangsläufig undramatisch vorgetragen, im „Woyzeck" als Rede, Predigt und episch als Märchen.

Das Märchen der Großmutter

Die größte Bedeutung kommt dabei dem Märchen zu, dem „Sinnbild dieses Dramas" (Thorn-Prikker, a.a.O.), seinem „Integrationspunkt“ (Klotz, a.a.O.). Über die genaue Bedeutung des Märchens bestehen erhebliche Meinungsverschiedenheiten. Als sicher kann lediglich angenommen werden, dass sich im Schicksal des „arm Kind“, das am Ende „ganz allein“ ist, die Situation Woyzecks spiegelt.

In formaler Hinsicht sind zwei Dinge bemerkenswert, (1) dass Büchner bei der Selbstinterpretation des Stückes die dramatische Form aufgibt und durch die epische, d. h. erzählende, ersetzt, (2) dass er als epische Form das Märchen wählt.

Epische Tendenzen

(1) Das Drama setzt als Form voraus, dass es Individuen gibt, die über ihre Sprache verfügen. „Woyzeck aber ist sprachlos, eigentlich kein Individuum“ (Thorn-Prikker, S. 130). Er erkennt seine persönliche Lage ebenso wenig wie die gesellschaftlichen Verhältnisse und kann somit nicht angemessen darüber reflektieren und sprechen. Die Personen, von denen man am ehesten erwarten könnte, dass sie im dramatischen Dialog das Richtige über Woyzeck äußern, nämlich der Doctor und der Hauptmann, entfallen als zuverlässige Zeugen, da sie zwei Bevölkerungsschichten angehören, die den Armen feindlich gegenüberstehen und sie nicht verstehen. Der Zustand der im Stück dargestellten Welt und die Situation der Personen, insbesondere Woyzecks, kann von keiner der Figuren im Dialog auf den Begriff gebracht werden. Aber in der gleichnishaften Erzählung der Großmutter, dem Anti-Märchen, spiegelt sich das Elend Woyzecks: Es reflektiert sein Unglück.

Das Märchen – eine anachronistische Form

(2) Das Märchen ist eine alte epische Form, die in der Zeit Büchners insofern bereits anachronistisch ist, als die selbstverständliche Lehre und Moral, die sich aus den meisten Märchen ergibt und so einfach und einleuchtend ist, dass sie sogar von Kindern verstanden wird, die komplexe Wirklichkeit des 19. Jahrhunderts nicht mehr angemessen wiedergeben kann. Das naive Weltverständnis, das sich in Gleichnissen wie z. B. den Märchen ausdrückt, muss vor der modernen Welt kapitulieren. Das Märchen der Großmutter vermittelt zwar den Eindruck, dass „alles am Leben falsch sei“, aber es wird nicht so erzählt, dass jemand in der Lage wäre, „seine Aussage erklären zu können“. „Eigentlich sagt es nur: hier gehörte eine Erklärung hin, aber ich weiß keine“ (Thorn-

Prikker, S. 131). Auch zeigt das Märchen keine Lösung, keine Glück verheißende Utopie. Das Kind „sitzt" im Unglück und weiß sich keinen Rat, wie Woyzeck und die anderen Personen des Stückes. Den Figuren bleibt die Welt ein Rätsel; ihre naiven Erklärungsversuche sind undeutlich, unverständlich, rätselhaft. Aus dieser Sicht wird auch verständlich, warum sich die Interpreten des Märchens auf keine Deutung zu einigen vermögen: Es kann keine „Lehre", keine Einsicht in das „Leben" und die „Welt", kein Verständnis der menschlichen Gesellschaft vermitteln, weil es neben dem Unglück Woyzecks seine Unfähigkeit zeigen soll, sein Elend zu erklären oder über sich und die Verhältnisse zu sprechen. Genau wie das Stück hat auch das Märchen ein offenes Ende: Es hört auf und verstummt, ohne Lösung, Hoffnung und Perspektive.

Die Ansprachen des Ausrufers und des Marktschreiers

Auch die zweite Selbstinterpretation des Dramas, die Ansprachen des Ausrufers und des Marktschreiers, fällt aus dem Rahmen des dramatischen Dialogs heraus. Das liegt daran, dass der Inhalt dieser Reden keiner der dramatischen Figuren glaubhaft in den Mund gelegt werden kann. Der Ausrufer und der Marktschreier reden von der „Verbundenheit von Mensch und Tier" (Thorn-Prikker, S. 129). Sie weisen darauf hin, dass ein Mensch, der nicht zur Individualität, zum Bewusstsein und zu seiner Sprache gefunden hat, ein Tier geblieben ist. „Die beiden Seiten des tierischen Menschen im Stück, Doctor und Woyzeck, können sich nicht zu diesem Thema äußern, weil sie sich dann selber erklären müßten" (Thorn-Prikker, S. 127). Woyzeck kann darüber nicht sprechen, da er eben ein tierischer Mensch ist ohne Individualität, Bewusstsein und Sprache. Der Doctor ist wegen seiner ideologischen Borniertheit nicht in der Lage, die tierische Natur des Menschen anzuerkennen; vielmehr belehrt er Woyzeck: „... der Mensch ist frei, in dem Menschen verklärt sich die Individualität zur Freiheit." Wenn aber die Personen nicht fähig sind, die Wahrheit über sich zu erkennen und im Dialog oder Monolog auszusprechen, muss sie undramatisch, z. B. in Reden, die nicht zur Handlung des Stückes gehören, vermittelt werden. So wird erkennbar, wie sich die Kreatur (das Pferd – Woyzeck) Zwängen ausgesetzt sieht, ohne dass sie die Möglichkeit hat, sich darüber Klarheit zu verschaffen oder auch nur zu sprechen, sie kann sich „nit ausdrücke", „nit explicirn". Hilflos erfährt sie die Erniedrigung, vor Publikum „den Kopf schütteln" oder „die Ohren bewegen" zu müssen, für die Jahrmarktsbesucher oder zum Nutzen der Wissenschaft zu „pissen". Diejenigen, die das Pferd und Woyzeck vorführen, der Marktschreier und der Doctor, sind Karikaturen des Menschen, dessen „Vernunft" und „Freiheit" sie lauthals verkünden. Ihr Reden ist nichts als leeres Geschwätz, eine verhunzte Form des philosophischen und wissenschaftlichen Sprechens. Ob der Marktschreier in französierendem Deutsch Kalauer wie „Viehsionomik" und „viehdummes Individuum" aneinander reiht oder der Doctor in zynischer Gelehrtensprache eine Katze als „organische Selbstaffirmation des Göttlichen" bezeichnet, bleibt sich gleich: Beide haben keine menschliche Würde, sie verkaufen und prostituieren sich auf dem Jahrmarkt und im Hörsaal – das Publikum klatscht und zahlt.

Die Predigt des Handwerksburschen

Auch die Predigt des Handwerksburschen verlässt den dramatischen Rahmen; sie ist für die Entwicklung der Handlung unbedeutend. Büchner fügt sie in eine Wirtshausszene ein, weil eine Einsicht vermittelt, ein Bewusstsein von Vorgängen geschaffen werden soll, das keiner Figur des Dramas gegeben ist. Der Handwerksbursch stellt die Frage – nach Gerhard Jancke (a.a.O., S. 271) ist es „Büchners Lebensfrage" – nach dem Zweck des menschlichen Lebens: „Warum ist der Mensch?" Die Antwort lautet:

> „... von was hätte der Landmann, der Weißbinder, der Schuster, der Arzt leben sollen, wenn Gott den Menschen nicht geschaffen hätte? Von was hätte der Schneider leben sollen, wenn er dem Menschen nicht die Empfindung der Schaam eingepflanzt, von was der Soldat, wenn Er ihn nicht mit dem Bedürfniß sich todtzuschlagen ausgerüstet hätte?"

Der ökonomische Inhalt der Predigt

Die Wahrheit, die hier vermittelt wird, ist keine theologische. Die Rede des Handwerksburschen sollte daher nicht als Predigt im eigentlichen Sinne, eher als Predigt-Parodie aufgefasst werden. Es geht um ökonomische Sachverhalte, wie sie sich im 19. Jahrhundert entwickeln. Die moderne kapitalistische Wirtschaft funktioniert nur, wenn Menschen Produkte herstellen, die als Ware ande-

ren Menschen verkauft werden, bei denen ein Bedürfnis besteht, sie zu kaufen. Der Schneider produziert Kleider, die er anbietet und Kunden verkauft, die sie tragen wollen. Durch den Vorgang des Kaufens und Verkaufens wird das Produkt zu einer Ware mit einem bestimmten Wert, der sich in Geldeinheiten ausdrücken lässt. Wenn Büchner dem Handwerksburschen in den Mund legt, dass „Alles Irdische eitel" sei und „selbst das Geld in Verwesung" übergehe, so ist damit eine Kritik dieser Wirtschaftsweise intendiert. Allerdings wird sie nicht explizit, sondern lediglich implizit geäußert: Eine Wirtschaftsweise, deren Endergebnis allgemeine Fäulnis und Verwesung ist, muss fehlerhaft sein. Das Falsche und moralisch Verwerfliche der modernen Ökonomie sieht Büchner darin, dass sie jedem Menschen als Individuum seinen Wert und seine Würde nimmt; die Menschen existieren nur als Warenproduzenten und treten lediglich über den Mechanismus des Kaufens und Verkaufens zueinander in Beziehung.
Zu solchen Einsichten ist keine Figur des Dramas befähigt, selbst der Doctor nicht, der zwar um die Bedeutung von Verträgen für die moderne Wirtschaft weiß, aber ein falsches (ideologisches) Bewusstsein von der Vertragsfreiheit der Individuen hat. Somit kann auch er im Dia-log oder Monolog nichts Einsichtiges über wirtschaftliche Sachverhalte sagen. Büchner löst dieses Problem der dramatischen Form – wie schon im Falle des Märchens und der Reden – dadurch, dass er eine Nebenperson (den Handwerksburschen) einen nicht-dramatischen Text (eine Predigt-Parodie) sprechen lässt.

Zusammenfassung

Nach Volker Klotz lässt sich Büchners „Woyzeck" als offenes Drama beschreiben. Die Anzahl der Figuren in diesem Stück ist hoch. Neben der Titelfigur stehen mehrere weitere Hauptfiguren (Marie, Tambourmajor, Hauptmann, Doctor) und zahlreiche Nebenfiguren bis hin zu stummen Personen. Die Ständeklausel der geschlossenen aristotelischen Dramenform gilt nicht. Woyzeck ist kein tragischer Held, sondern eine Figur aus der großen Masse der Armen, und kein Protagonist, dem ein bedeutender Antagonist gegenüberstünde. Es gibt keine bewusst handelnden, mündigen und reifen Persönlichkeiten, wohl aber Figuren, deren Verhalten, Denken und Sprechen von körperlichen Zuständen, seelischen Deformationen und sozialen Umständen determiniert sind. Keine Figur des Stückes ist zur klaren Erkenntnis oder deutenden Reflexion des Geschehens im Stande. Da die Reflexion im dramatischen Dialog fehlt, werden Selbstdeutungen des Stückes in die Handlung eingefügt, an denen parabolische und epische Tendenzen auffallen (Märchen der Großmutter, Ansprachen des Ausrufers und des Marktschreiers, Predigt des Handwerksburschen).

Büchners „Woyzeck" zeigt keine geschlossene Handlung noch einen gestuften Aufbau gemäß des aristotelischen Dreischritts Exposition, Peripetie und Katastrophe. Die Gliederung durch Akte fehlt, die Einzelszene gewinnt an Gewicht. Da die Szenen nicht kausal oder chronologisch aneinander gereiht sind, treten andere Verknüpfungsprinzipien auf, wie z. B. die Variation eines Szenentyps, der Kontrast der räumlichen Gegebenheiten und die Textur der metaphorischen Verklammerung.

Lese- und Bühnenfassungen des „Woyzeck" sollten ein offenes Ende haben. Der Versuch, dem Stück dadurch einen traditionellen Schluss zu geben, dass die Teichszene ans Ende gesetzt wird, was den Selbstmord eines tragischen Helden und damit die Katastrophe suggeriert, widerspricht dem Inhalt der Szene, den Handschriften Büchners und seinem Grundsatz, die historischen Tatsachen zu beachten.

Aus der Darstellung der Figuren und der Offenheit der Handlung ergibt sich auch, dass die Einheiten der Zeit und des Ortes in „Woyzeck" nicht beachtet werden.

Die Sprache des Stückes

Geschlossene Form – offene Form

Dramen der geschlossenen und offenen Bauform unterscheiden sich nicht nur in der Komposition der Handlung, dem Personal, der Gestaltung von Raum und Zeit, sondern auch in der Sprache. Die sprachlichen Felder, auf denen sich die Unterschiede besonders deutlich zeigen, sind der Stil, der Satzbau, die Metaphorik und die Gestaltung der Monologe und Dialoge.

Stil

Sprache im geschlossenen Drama

„Alle Personen des geschlossenen Dramas, Hauptpersonen wie Nebenpersonen, sprechen eine Sprache. Jeder verfügt über den gleichen Wortschatz, die gleiche Syntax, die gleiche Metaphorik. Durchweg in Versen sprechend [...], treffen sie sich in der Einheit des hohen Stils" (Klotz, S. 156 f.).

Sprachvielfalt

„Woyzeck" ist nicht in Versen, sondern in Prosa geschrieben. Im Gegensatz zu dem hohen, in sich einheitlichen Stil, wie ihn z. B. Goethes „Iphigenie" oder Schillers „Maria Stuart" zeigen, steht bei Büchner die Stilmischung als Konsequenz der Tatsache, dass Vertreter unterschiedlicher sozialer Schichten und Berufe zu Worte kommen. Darüber hinaus wechseln die einzelnen Personen ihren Sprachstil, je nachdem in welcher Situation sie sich befinden, wie ihre momentane Gefühlslage ist, welchen unmittelbaren Einflüssen sie ausgesetzt sind, mit wem oder worüber sie sprechen.

Soziale Bedeutung der Hoch- und Umgangssprache

Der soziale Gegensatz zwischen den „Reichen" und „Gebildeten" einerseits, den „Armen" und „Ungebildeten" andererseits spiegelt sich in der Sprache der wichtigsten Figuren. Der Hauptmann und der Doctor verwenden die Hochsprache, Woyzeck und Marie die Umgangssprache.

Sprache des Hauptmanns

Diese Sprachvarianten werden aber nie in reiner Form verwendet. In den Äußerungen des Hauptmanns finden sich umgangssprachliche Elemente, einzelne Wörter aus der Sprache des Militärs sowie situationsabhängige

Besonderheiten, die die Norm der Hochsprache verletzen. Zu Woyzeck sagt er in der Szene „Straße":

> „Hä? Über die langen Bärte? Wie is Woyzeck, hat Er noch nicht ein Haar aus eim Bart in seiner Schüssel gefunden? He, Er versteht mich doch, ein Haar von einem Menschen, vom Bart eines sapeur, eines Unterofficier, eines – eines Tambourmajor? He Woyzeck? Aber Er hat eine brave Frau. Geht Ihm nicht wie andern."

Sowohl die Formen „is" und „eim" als auch die verkürzten Sätze „Über die langen Bärte?", „Wie is Woyzeck" und „Geht Ihm nicht wie andern" verstoßen gegen die morphologische und syntaktische Norm der Hochsprache. Die aggressiven Interjektionen „Hä" und „He" und das aus dem Militärjargon stammende französische Fremdwort „sapeur" charakterisieren den Hauptmann ebenso wie die herablassende Anredeform „Er", das ironische Beiwort „brave" und die boshaft andeutende Art der Fragen.

Sprache des Doctors

Noch uneinheitlicher, unangemessener und somit in ihrer Wirkung grotesker ist die Sprache des Doctors. So wirft er Woyzeck zu Beginn der Szene „Beim Doctor" vor: „Er hat auf die Straß gepißt, an die Wand gepißt wie ein Hund." Völlig unmotiviert schließt er daraus: „Die Welt wird schlecht, sehr schlecht." Dann geht er dazu über, Woyzeck mit fachsprachlichen Vokabeln wie „musculus constrictor vesicae" und „Harnstoff 0,10, salzsaures Ammonium, Hyperoxydul" zu bombardieren; außerdem belehrt er ihn in der Sprache der idealistischen Philosophie, der Mensch sei frei, im Menschen verkläre sich „die Individualität zur Freiheit". Er kehrt aber schnell wieder zur gegebenen Situation und zur Ebene der Gassensprache zurück: „Woyzeck muß Er nicht wieder pissen? Geh' Er einmal hinein und probir Er's." Der Doctor schreckt weder vor billigsten Wortspielen und Kalauern – vgl. die Titulierung des Hauptmanns: „geehrtester Herr Exercirzagel" oder den Scherz: „Doctor *hält ihm den Hut hin*: Was ist das Herr Hauptmann? Das ist Hohlkopf!" – noch vor der blasphemischen Assoziation der Heiligen Schrift mit einer frivolen Bemerkung über Damenhöschen zurück: „... ich bin auf dem Dach, wie David, als er die Bathseba sah; aber ich sehe nichts als die culs de Paris der Mädchenpension im Garten trocknen."

Dialekt und Umgangssprache

Auch die Sprache der Armen ist in sich nicht einheitlich. Obwohl dialektale Formen des Hessischen in der Aussprache, der Grammatik, der Wortwahl, dem Satzbau unverkennbar sind, sprechen Woyzeck, Marie, Andres und die anderen nicht reinen Dialekt. Ihre Umgangssprache entlehnt zwar manches aus dem Dialekt, ist aber nicht identisch mit ihm. Bewusst vermeidet es Büchner, die Armen dadurch als „Volk“ zu stilisieren, dass er sie zu heimatverbundenen Dialektsprechern macht. Als solche wichen sie zwar von der Hochsprache ab, könnten sich aber in einer ausgeformten Sprache bewegen, die historisch gewachsen ist und ihren Sprechern das Gefühl gibt, die Welt und sich selbst sprachlich zu begreifen. Die Umgangssprache hingegen zeigt deutlich, dass die Armen noch nicht zu ihrer Sprache gefunden haben, sie die Natur, die Gesellschaft und sich selbst nicht begreifen, sich nicht ausdrücken können, sprachlos sind. Es ist daher nur konsequent, wenn Woyzeck und Marie in der Mordszene verstummen:

> MARIE: „Was sagst du?“
> WOYZECK: „Nix.“ **(Schweigen.)**

In der Umgangssprache lässt sich das, was jetzt gedacht und gesagt werden müsste, nicht ausdrücken. Da Woyzeck und Marie keine andere Sprache haben, schweigen sie.

Satzbau

In der Rasierszene sagt Woyzeck zum Hauptmann:

> „Sehn Sie, wir gemeine Leut, das hat keine Tugend, es kommt einem nur so die Natur, aber wenn ich ein Herr wär und hätt ein Hut und eine Uhr und eine anglaise und könnt vornehm reden, ich wollt schon tugendhaft seyn.“

Klotz hat diesen Satz verändert, ihn „grammatisch zurechtgerückt“, um „den logischen Gang von Woyzecks Äußerung wiederzugeben“ (Klotz, S. 166):

> „Sehn Sie, da ich zu den gemeinen Leuten gehöre, die der Natur, wie sie gerade kommt, ausgeliefert sind,

habe ich keine Tugend – wäre ich dagegen ein Herr, der sich durch vornehme Kleidung und Sprache auszeichnet, so wollte ich schon tugendhaft sein."

Umgangs-sprachliche Satzbaumuster

Diese Formulierung ist zwar grammatisch und syntaktisch, sprachlich und logisch korrekt, aber sie passt nicht zu Woyzeck. Seine Äußerungen fügen sich nicht den hochsprachlichen Satzbaumustern; er entwickelt seine Gedanken nicht systematisch, so dass er ihnen auch nicht die in syntaktischer Über- und Unterordnung, in Haupt- und Nebensätzen sich ausdrückende sprachlogische Gestalt geben kann; sein Denken wird von konkreten Details bestimmt, die er im sprachlichen Ausdruck aneinander reiht, ohne zu abstrahieren. Woyzeck drückt die logischen Beziehungen zwischen den einzelnen Teilen des oben zitierten Satzes entweder gar nicht oder – gemessen an den hochsprachlichen Normen – falsch aus. Im ersten Teil des Satzes müsste eine kausale Satzverknüpfung („da") verwendet werden; sie fehlt bei Woyzeck. Zwar beginnt er im zweiten Teil die konditionale Konstruktion mit der Konjunktion „wenn", aber er hält sie nicht durch, da er statt der Wortstellung „wollt ich schon tugendhaft seyn" die Formulierung „ich wollt schon tugendhaft seyn" wählt, die für einen isolierten Hauptsatz korrekt ist, nicht aber für einen Satz, der mit „so" eingeleitet werden könnte und eine Konsequenz ausdrücken soll. Ebenso wenig wie adverbiale Nebensätze verwendet Woyzeck Relativsätze, obwohl sie, wie an der Version Klotz' abgelesen werden kann, mindestens zweimal sprachlogisch notwendig sind. Der einzige relative Anschluss in der Äußerung Woyzecks („**wir** gemeine **Leut**, **das** hat ...") entspricht nicht der hochsprachlichen Norm, es findet ein Wechsel vom Plural zum Singular statt. Anschließend ändert Woyzeck erneut die grammatische Struktur. Das Subjekt „wir gemeine Leut" bzw. „das" tritt in den Dativ „einem"; es ist jetzt der vom Geschehen passiv Betroffene, an seine Stelle setzt sich das unpersönliche „Es". Im zweiten Teil des Satzes werden die Attribute, die aus der Sicht Woyzecks einem Herrn zukommen – Hut, Uhr, anglaise, vornehmes Reden –, nicht etwa in einem Relativsatz dem Bezugswort „Herr" unter-, sondern durch die Konjunktion „und" nebengeordnet: „Indem sie durch und-Reihung mit diesem No-

Nebensätze

Wechsel der syntaktischen Konstruktion

Nebenordnung

Parataxe und Hypotaxe

Anakoluth

Ellipse

men auf eine Ebene gestellt sind, sind sie nicht mehr die untergeordneten Erscheinungsmerkmale des Herrn [...], sondern seine gleichberechtigten Partner im Satz. Woyzeck sieht nicht den abstrakten Herrn vor sich, der einen Hut trägt. Sondern die sinnliche Fülle der Erscheinungen: Herr und Hut und Uhr und Anglaise und vornehme Sprache, welch alles sich für ihn mit seiner Vorstellung von Tugend verbindet“ (Klotz, S. 167 f.).

Das analysierte Textbeispiel zeigt die wichtigsten syntaktischen Merkmale der Sprache im „Woyzeck“. Komplizierte Satzgefüge mit Haupt- und Nebensätzen (Hypotaxe) kommen fast gar nicht vor, dafür aber die Nebenordnung von Sätzen oder Satzteilen (Parataxe). Die Nebenordnung erfolgt durch bloße Aneinanderreihung (asyndetisch) oder die Verknüpfung mit „und“ (syndetisch). Eine begonnene syntaktische Konstruktion wird häufig nicht durchgehalten (Anakoluth); in anderen Fällen werden Wörter oder Satzglieder – insbesondere solche, die für die grammatische Struktur wichtig sind – ausgelassen (Ellipse). Immer wieder steht das unpersönliche „Es“ an der Stelle des Subjekts; wenn eine betroffene Person genannt wird, tritt sie in den Dativ.

Metaphorik

In der Straßenszene greifen der Hauptmann und der Doctor Woyzeck an, indem sie auf Maries Verhältnis mit dem Tambourmajor anspielen:

> HAUPTMANN: „He Woyzeck [...], Er läuft als hätt Er ein Regiment Kastrirte zu rasirn und würd gehenkt über dem letzten Haar noch vorm Verschwinden – aber, über die langen Bärte, was wollt ich doch sagen? Woyzeck – die langen Bärte ...“
>
> DOCTOR: „Ein langer Bart unter dem Kinn, schon Plinius spricht davon, man muß es den Soldaten abgewöhnen, du, du ...“
>
> HAUPTMANN *fährt fort*: „Hä? Über die langen Bärte?...“

Der Doctor spielt mit seiner Bemerkung auf eine Anekdote um Alexander den Großen an, der vor der Schlacht seinen Soldaten befohlen haben soll, sich ihre langen Bärte abzurasieren, damit sich die Feinde an ihnen nicht festhalten können. Es wird nicht ganz klar, ob der Hauptmann diese Anspielung versteht; mit Sicherheit aber kennt Woyzeck die antike Anekdote nicht und kann daher die Bemerkung des Doctors nicht deuten. Diese Anekdote ist im Übrigen nicht bei Plinius, sondern bei Plutarch zu finden. Es macht durchaus Sinn anzunehmen, dass Büchner den Doctor absichtlich die falsche Quelle nennen lässt. Die detaillierte Kenntnis antiker Literatur ist im 19. Jahrhundert auch für einen Wissenschaftler nicht mehr selbstverständlich.

Geschlossenes Drama: Mythologie, Geschichte und Literatur als Quellen der Metaphorik

Nur an dieser einen Stelle wird auf einen historischen Vorgang angespielt oder ein Schriftsteller ausdrücklich zitiert. Ein anderer Bereich, der dem historischen und literarischen eng verwandt ist, fehlt im „Woyzeck" ebenfalls: die antike Mythologie. Im geschlossenen Drama werden die Mythologie, die Historie und die Literatur häufig zitiert, um Parallelen und Modelle für das dramatische Geschehen aufzuzeigen. Diese drei Bereiche sind eine wichtige Quelle für die Metaphorik des geschlossenen Dramas, was glaubhaft dadurch motiviert wird, dass „alle Personen einer Bildungs- und Gesellschaftsstufe angehören". Für das offene Drama gilt das nicht; es hat andere Quellen für seine „Bilder, Vergleiche und Anspielungen [...]: Bibel, Volkslied, Sprichwort und Märchen. Mit diesen Quellen sind die Personen von Kind an aufgewachsen, ihre Bilder fügen sich nahtlos einer Sprache ein, die nicht dem hohen Stil huldigt; sie kommen unbewußt auf die Zunge" (Klotz, S. 189).

Offenes Drama: Bibel, Volkslied, Sprichwort und Märchen als Quellen der Metaphorik

Sprache der Bibel

Marie und Woyzeck sind mit der Bibel wohl vertraut. Eine der Kammerszenen ist so gestaltet, dass Marie in der Bibel blättert und auf mehrere Stellen stößt, die sie als Analogie zu ihrer eigenen Situation empfindet. Sie liest den Text laut vor und übernimmt sogar Gesten aus dem Buch der Bücher: „*(Schlägt sich auf die Brust.)* Alles todt! Heiland, Heiland ich möchte dir die Füße salben." Für seine Ängste und Visionen findet Woyzeck häufig den sprachlichen Ausdruck in der Bibel, insbesondere im Alten Testament und in der Apokalypse. Zu Andres sagt er in der Eröffnungsszene: „Ein Feuer fährt um den Himmel und ein Getös herunter wie Posaunen." In der nächsten Szene berichtet er Marie: „... es war wieder was, viel, steht nicht geschrieben: und sieh da ging ein Rauch vom Land, wie der Rauch vom Ofen?" Dem Doctor vertraut er an: „Wenn die Sonn in Mittag steht und es ist als ging die Welt in Feuer auf hat schon eine fürchterliche Stimme zu mir geredt!" Den Hauptmann stürzt er in völlige Verwirrung, als er im Gespräch über sein uneheliches Kind auf die Bibelstelle „Lasset die Kindlein zu mir kommen." aufmerksam macht.

Volkslieder im „Woyzeck"

Während Sprichwörter im Woyzeck nur eine unbedeutende Rolle spielen, ist das Stück „von Volksliedern durchwoben" (Klotz, S. 192). In der Eröffnungsszene singt Andres ein Lied, um sich dem Gespräch mit Woyzeck zu entziehen und seine Angst zu überspielen. Nach der Auseinandersetzung mit Margreth singt Marie zwei Strophen, in denen es u.a. heißt: „Mädel, was fangst du jetzt an?/Hast ein klein Kind und kein Mann." – eine offensichtliche Parallele zu ihrer eigenen Lage. Die Strophe „Frau Wirthin hat n'e brave Magd ..." wird zweimal gesungen, zunächst von Andres in der Szene „Die Wachtstube", ohne dass er merkt, wie sehr er Woyzeck damit trifft, dann von Woyzeck selbst, als er versucht, im Trubel des Wirtshauses den Mord an Marie zu vergessen und Käthe zu gewinnen, die sich allerdings mit einer anderen Liedstrophe Woyzeck entzieht: „O pfui mein Schatz das war nicht fein./Behalt dei Thaler und schlaf allein."
Bei einigen Liedern kommt es eher auf den Rhythmus als den Wortlaut an. Als Marie im Spiegel die geschenkten Ohrringe betrachtet, ist sie in der Hochstimmung einer beginnenden Liebesaffäre und singt „leichtfertig-beschwingt im Ländlertakt" (Klotz, a.a.O., S. 192):

„Mädel mach's Ladel zu,
S' kommt e Zigeunerbu,
Führt dich an deiner Hand
Fort in's Zigeunerland."

Als Woyzeck im Wirtshaus Marie und den Tambourmajor beim Tanz beobachtet, wird das „grausam lustig dahingaloppierende Lied vom Jäger aus Kurpfalz" (Klotz, S. 193) gesungen, das rhythmisch die Gehetztheit und Verzweiflung Woyzecks wiedergibt. Schließlich sei auf die Strophe des Mädchens zu Beginn der Märchenszene verwiesen:

„Wie scheint die Sonn St. Lichtmeßtag
Und steht das Korn im Blühn.
Sie gingen wohl die Straße hin,

Sie gingen zu zwei und zwein.
Die Pfeifer gingen vorn,
Die Geiger hinte drein.
Sie hatte rothe Sock ..."

Am Ende der Szene holt Woyzeck Marie ab. Sie werden „zu zwein" durch die Natur gehen, allerdings nicht „unter der Sonn", sondern unter dem Mond, den Woyzeck mit einem blutigen Eisen vergleichen wird, was dem einzigen Farbadjektiv dieser Strophe (rot) rückschauend eine schwere Bedeutung gibt.

Märchen im „Woyzeck"

Eine ähnlich bedrohliche und makabre Wirkung erzielt der Narr, wenn er zu Maries Bibellektüre aus dem Märchen „Rumpelstilzchen" zitiert: „Morgen hol' ich der Frau Königin ihr Kind." oder die Entdeckung der Blutspuren an Woyzeck kommentiert: „Und da hat der Ries gesagt: ich riech, ich riech, ich riech Menschefleisch." Das Anti-Märchen der Großmutter schließlich zeigt, dass die Erfahrungen und Weisheiten, die aus den alten volkstümlichen Literaturformen sprechen, nicht mehr ausreichen, um die moderne Welt zu erfassen. Sie können nichts mehr erklären, die Menschen suchen vergeblich bei ihnen um Rat.

Individuelle Metaphorik

Neben den aus allgemeinen Quellen wie Märchen, Liedern und der Bibel geschöpften Bildern stehen im „Woyzeck" solche, die einmalig sind. Genau eine Person findet in einer bestimmten Situation zu einem bestimmten Zeitpunkt und an einem bestimmten Ort eine Metapher, einen Vergleich, ein Wortspiel. Fast alles kann in eine Sprachfigur gefasst werden; es gibt keine Einschränkung bezüglich der Stilhöhe.

Situationsabhängige Vergleiche

Ein charakteristisches Beispiel für diese Art des bildlichen Sprechens ist der Vergleich des Mondes mit einem blutigen Eisen. Woyzeck verwendet diesen Vergleich in der Mordszene. Zunächst sagt Marie: „Was der Mond roth auf geht." Darauf Woyzeck: „Wie ein blutig Eisen." Diese Formulierung ist bedingt durch die Situation des Mondaufgangs sowie das Wort „roth", das Marie gerade gebraucht hat und von Woyzeck mit Blut und Eisen assoziiert wird, da er das Messer ziehen und Marie töten will.

Gassensprache

In der Wirtshausszene, in welcher der Tambourmajor und Woyzeck miteinander kämpfen, kommt ein anderer Vergleich vor, der stilistisch der vulgären Gassensprache angehört, aber ebenso situations- und personenbezogen ist wie der Vergleich des Mondes mit einem blutigen Eisen. Der Tambourmajor muss sich als der Triumphierende beweisen und hält Kraftausdrücke, die ihm im betrunkenen Zustand besonders leicht über die Lippen kommen, für geeignet, seine unwiderstehliche Männlichkeit zu demonstrieren. Dem geschlagenen Woyzeck droht er: „Soll ich dir noch soviel Athem lassen als en Altweiberfurz, soll ich?"

Wortspiele

Von kaum höherer stilistischer Qualität sind die Kalauer und Wortspiele des Hauptmanns und des Doctors sowie die schon wegen des Akzents und der sprachlichen Fehler grotesken Sätze des Ausrufers und des Marktschreiers, dessen französischer Tonfall bei der die Tiernummer begleitenden Rede die Physiognomik zur „Viehsionomik" entstellt.

Dramaturgie	Das geschlossene Drama	Das offene Drama „Woyzeck"
Bau	Pyramide mit fünf Akten Klimax, Peripetie steigende Handlung – fallende Handlung Exposition – Katastrophe	Mosaik aus Einzelszenen Kontrast, Variation, sprachliche Verklammerung von Einzelszenen
Handlung	Kontinuität einheitliche Ganzheit zielgerichtet kausale Verknüpfung	Ausschnitte harte Schnitte offen Verknüpfung durch eine zentrale Figur
Ort und Zeit	wenige oder keine Ortswechsel (Einheit des Ortes) kurze Zeitspanne geringe Zeitraffung (Einheit der Zeit)	häufiger Ortswechsel beliebige Zeitspanne Zeitsprünge Gleichzeitigkeit mehrerer Szenen
Personen	geringe Figurenzahl sozial homogenes Personal Protagonist – Antagonist	hohe Figurenzahl keine Ständeklausel Hauptfigur von geringem Stand ohne direkten Gegenspieler
Sprache	Einheit der Sprache Hochsprache dramatische Dialoge dramatische Monologe Metaphorik aus Mythologie, Literatur, Geschichte traditionelle Sprachbilder (Vers)	Sprachvielfalt Umgangssprache o.Ä. Nebeneinandersprechen Episierung Metaphorik aus Bibel, Volkslied, Märchen individualisierte Bilder (Prosa)

Dialog und Monolog

Nebeneinandersprechen

Woyzeck wird durch eine Bemerkung Maries zu seinem Vergleich des Mondes mit einem blutigen Eisen gebracht. Der Tambourmajor findet den vulgären Vergleich in der körperlichen Auseinandersetzung mit Woyzeck. In beiden Fällen ist es aber nicht so, dass der Vergleich in einem wirklichen Dialog von zwei Gesprächspartnern geprägt wird. Der Tambourmajor und Woyzeck sprechen in der Wirtshausszene nicht miteinander. Demonstrativ verweigert Woyzeck das Gespräch und „pfeift" im wörtlichen Sinne auf die verbalen Provokationen des Tambourmajors. Erst am Schluss der Szene, als der Tambourmajor von ihm abgelassen hat, sagt Woyzeck zu sich selbst: „Eins nach dem andern." In der Mordszene herrscht unmittelbar vor der Tat „Schweigen"; Woyzeck und Marie sprechen nicht miteinander. Beide Situationen sind bezeichnend für den Dialog im „Woyzeck". Es finden keine Gespräche und keine Rededuelle zwischen den Personen statt. Wenn Woyzeck versucht, einen wirklichen Dialog zu beginnen, verwirrt er den potentiellen Gesprächspartner (Hauptmann) oder wird für geisteskrank erklärt (Doctor). Was die Personen sagen, äußern sie, weil sie sich innerlich dazu gedrängt fühlen. Sie sprechen nicht miteinander oder gegeneinander, sondern nebeneinander.

Entscheidungsmonologe

Der Monolog der Hauptfigur im geschlossenen Drama hat die Funktion, die Ereignisse zusammenzufassen und zu einer persönlichen Entscheidung zu kommen, die das weitere Geschehen bestimmt. Diese Funktion kann er im offenen Drama nicht erfüllen, weil die Hauptfigur dazu nicht in der Lage ist und sie, wie alle anderen, in gewissem Sinne monologisiert, da kein eigentlicher Dialog stattfindet.
In der Szene „Freies Feld" sagt Woyzeck:

> „Immer zu! immer zu! Still Musik! (*Reckt sich gegen den Boden.*) Ha was, was sagt ihr? Lauter, lauter, – stich, stich die Zickwolfin todt? stich, stich die Zickwolfin todt. Soll ich? Muß ich? Hör ich's da auch, sagt's der Wind auch? Hör ich's immer, immer zu, stich todt, todt."

Das ist kein Entscheidungsmonolog. Woyzeck resümiert das bisherige Geschehen um Marie und den Tambour-

major nicht. Er argumentiert nicht mit sich selbst, wägt nichts ab. Statt dessen wird er von Maries Worten aus der vorausgegangenen Szene verfolgt und glaubt, Stimmen zu hören, die ihm die Entscheidung abnehmen, weil sie ihm befehlen, Marie zu töten. Woyzeck entscheidet nicht, er wird getrieben.
Auf die Wirtshausszene, in deren Verlauf Blutspuren an Woyzeck entdeckt werden, folgen zwei Monologe Woyzecks, in denen er aber die Tat nicht reflektiert. Woyzeck begleitet zunächst die Suche nach dem Messer mit wirren Äußerungen, die sich zu keiner zusammenhängenden Reflexion verdichten. Dann überlegt er, wie er das Messer im Teich versenken soll. Aber mit keiner Silbe wertet Woyzeck seine Tat; Entscheidungen für seine Zukunft fällt er nicht.

Zusammenfassung

Die Sprache des „Woyzeck“ steht in engem Zusammenhang mit der Thematik des Stückes und der offenen Bauform des Dramas. Die von Büchner an der Restaurationsgesellschaft beobachtete Teilung in „Reiche“ und „Gebildete“ einerseits, „Arme“ und „Ungebildete“ andererseits spiegelt sich in der Figurenkonstellation und der von den repräsentativen Personen verwendeten Sprache. Der Hauptmann und der Doctor tendieren zur Hochsprache, Woyzeck und Marie zur Umgangssprache, die einige Züge des hessischen Dialekts trägt. Zudem werden jeder wichtigen Figur des Stückes individuelle Spracheigentümlichkeiten in den Mund gelegt, so dass der Eindruck einer großen Sprachvielfalt entsteht. Z. B. ist es für den Doctor bezeichnend, dass er häufig von der Hochsprache zu einer derben Alltagssprache mit grotesken Wortspielen oder zum Jargon einer verhunzten idealistischen Freiheitsphilosophie oder zur Fachsprache der Medizin wechselt. Wegen der eingeschränkten Möglichkeiten der Umgangssprache kann sich Woyzeck einige Male gegen den Hauptmann und den Tambourmajor verbal nicht wehren oder gar durchsetzen; es gelingt ihm nicht, sich im Gespräch mit Andres oder dem Doctor verständlich zu machen. Das mündet in Sprachlosigkeit. Woyzeck verwendet umgangssprachliche Satzbaumuster, die die

logischen Beziehungen zwischen den einzelnen Teilen des Satzes gar nicht oder falsch ausdrücken; er wechselt immer wieder die Satzkonstruktion, bricht eine Aussage frühzeitig ab oder lässt ganze Satzglieder aus (Anakoluth, Ellipse). Komplizierte Satzgefüge (Hypotaxe), die abstrahierende Gedankengänge ermöglichen, kommen bei ihm nicht vor; er bevorzugt die Nebenordnung (Parataxe) konkreter Details.
Mythologie, Geschichte und Literatur sind im geschlossenen Drama die wichtigsten Quellen der Metaphorik. Sie kommen in „Woyzeck" nicht vor. Die Figuren des „Woyzeck" sind mit der Bibel, den Volksliedern und den Märchen so vertraut, dass sie diese zitieren, wenn sie nach Parallelen und Modellen für das dramatische Geschehen sowie nach angemessenen sprachlichen Bildern suchen. Außerdem verwenden sie individuelle, situationsabhängige Vergleiche und Metaphern, die keiner Einschränkung bezüglich der Stilhöhe unterliegen, aber immer durch die Umstände mitbestimmt sind, unter denen sie formuliert werden. Insofern setzt sich Büchners Grundsatz der Figurendarstellung – Determinierung der Charaktere durch äußere Umstände – bis in den metaphorischen Sprachgebrauch fort. Da auch die Vereinsamung der Figuren, insbesondere Woyzecks, sowie ihre Unfähigkeit, nach rationalen Überlegungen zu einer Entscheidung zu kommen, thematisiert wird, entsteht häufig kein wirklicher dramatischer Dialog; echte Reflexions- und Entscheidungsmonologe sucht man in „Woyzeck" vergebens.

Georg Büchner: Sein Leben, sein Werk, seine Zeit

Herkunft

Georg Büchner wurde am 17. Oktober 1813 im hessischen Ort Goddelau bei Darmstadt geboren. Sein Vater Ernst Karl Büchner war Arzt. Er begann seine berufliche Laufbahn als Sanitäter in der holländischen Armee, trat mit seinem Regiment in die Dienste Napoleons und nahm fünf Jahre als Lazarettarzt an dessen Feldzügen in fast ganz Europa teil. Er blieb immer ein Anhänger Napoleons. Nicht so die Mutter Caroline Louise (geb. Reuß), deren Familie vor den französischen Truppen aus Pirmasens fliehen musste. Ihr Vater erhielt in Hofheim das Amt eines Regierungsrates im Dienste Hessens. Zu seinen Dienstpflichten zählte die Aufsicht über das Hofheimer Hospital, an dem Ernst Karl Büchner nach seiner Entlassung aus der Armee arbeitete. Hier lernten sich Georgs Eltern kennen. Sie heirateten 1812; der Vater war zu diesem Zeitpunkt bereits Bezirksarzt in Goddelau. Aus der Ehe gingen noch mehrere Kinder hervor, der spätere Chemiefabrikant und Abgeordnete Wilhelm Ludwig (geb. 1816), die Schriftstellerin und Frauenrechtlerin Louise (geb. 1821), der Philosoph Ludwig (geb. 1824) und der Literaturprofessor Alexander (geb. 1827).

Schulzeit

Georg Büchner wuchs in gutbürgerlichen Verhältnissen auf und erfuhr durch den Vater erhebliche Förderung im naturwissenschaftlichen, durch die Mutter im literarischen Bereich. Seit 1822 wurde Büchner in Darmstadt, wohin die Familie nach der Beförderung des Vaters umgezogen war, an einer privaten Vorschule unterrichtet; 1825 trat er in das Humanistische Gymnasium in Darmstadt ein, das er im März 1831 mit einer Abiturientenrede erfolgreich abschloss.

Nicht nur das Elternhaus und die Schule, sondern auch die sozialen und politischen Vorgänge der Jahre 1813 bis 1831 haben Georg Büchner entscheidend geprägt, bevor er 1831 das Studium der Medizin an der Universität Straßburg begann.

Restauration nach 1815

1813 wurde die Armee Napoleons in der Völkerschlacht bei Leipzig von den Truppen der reaktionären europäischen Mächte Österreich, Preußen und Russland besiegt. Die Friedensverhandlungen des Wiener Kongresses (1814/15) wurden mit dem Ziel geführt, die feudale Ordnung, wie sie vor der Französischen Revolution bestanden hatte, weitgehend zu restaurieren. Die Epoche nach 1815 erhielt daher den Namen Restauration. Die in der Zeit der französischen Besatzung in einigen deutschen Gebieten mit dem „Code civil“ eingeführten Rechte (Wahlrecht, Gleichheit vor dem Gesetz, Recht des freien Handels, persönliche Freiheiten) wurden zurückgenommen. Im Großherzogtum Hessen wurde 1820 eine neue Verfassung erlassen, wonach sich ein Parlament mit zwei Kammern konstituierte. Die erste war dem Adel vorbehalten, in die zweite Kammer konnten indirekt über Wahlmänner nur wohlhabende Kandidaten gewählt werden, die mindestens 100 Gulden jährlich an direkten Steuern zahlten oder als Beamte wenigstens 1000 Gulden pro Jahr verdienten. Von den fast 700.000 Einwohnern erfüllten nur etwa 1.000 diese Bedingungen. Die Verfassung garantierte somit die Herrschaft des Adels, der hohen Beamten und des begüterten Bürgertums.

Die Opposition

Gegen die Restauration wandte sich die liberale und demokratische Opposition, die darüber hinaus die nationale Einheit des in ungefähr 35 Kleinstaaten zerstückelten Deutschland forderte. Als sich 1817 die Burschenschaften der deutschen Universitäten auf der Wartburg trafen, um gegen die Restauration und für den deutschen Nationalstaat zu demonstrieren, ging man mit strengen Zensurbestimmungen gegen die Versammlungs-, Rede- und Pressefreiheit vor. Diese so genannte Demagogenverfolgung verschärfte sich 1819 durch die Karlsbader Beschlüsse im Anschluss an das Attentat auf den adelsfreundlichen Schriftsteller August von Kotzebue. Der liberale Widerstand wurde fast vollständig gebrochen; seine ehemaligen Vertreter zogen sich aus der politischen Sphäre ins Private zurück (Epoche des Biedermeier). Wer weiter Widerstand leistete – wie z.B. die Autoren des Jungen Deutschland (Heine, Gutzkow, Mundt, Laube usw.) – musste mit Verfolgung, Haft oder Ausweisung rechnen.

Wirtschaftliche Verhältnisse

Wegen der vielen Zollschranken innerhalb Deutschlands wurde der wirtschaftliche Fortschritt gehemmt; wirtschaftspolitische Maßnahmen wie die Festlegung von Niedrigstpreisen für Korn bedrohten die Existenz der bäuerlichen Bevölkerung. Die Aufstände in Deutschland, die sich als Folge der französischen Juli-Revolution von 1830 entwickelten, wandten sich gegen diese Verhältnisse, wurden aber unterdrückt. In Hessen wurde die Rebellion der Handwerker und Bauern am 30. September 1830 vom Militär in der Nähe des Dorfes Södel niedergeschlagen.

Sraßburg 1831–1833

Als Büchner im November 1831 nach Straßburg kam – er wohnte bei dem Pfarrer Johann Jakob Jaeglé, in dessen Tochter Minna er sich verliebte –, war er an politischen Fragen brennend interessiert. In der Studentenverbindung Eugenia zählte er bald zu den Radikalen, denen die politischen Veränderungen der französischen Revolution von 1830 nicht weit genug gingen und die darüber hinaus eine soziale Revolution im Interesse der armen Bevölkerungsmassen befürworteten. Doch distanzierte sich Büchner von den unrealistischen Patrioten, die am 3. April 1833 mit dem Sturm der Frankfurter Hauptwache die Revolution in Deutschland auslösen wollten, und von der liberalen Opposition, die keine von den plebejischen Massen getragene Revolution haben wollte.

Gießen 1833–1834

1833 musste Büchner Straßburg verlassen, um sein Studium an der hessischen Universität Gießen beenden zu können. Die Trennung fiel ihm schwer. Er musste die Verlobte Minna Jaeglé und seine besten Freunde zurücklassen. Die Enge Gießens bedrückte ihn, er wurde krank. Im Winter 1833/34 war er bei den Eltern in Darmstadt, ging aber im Januar 1834 nach Gießen zurück. Er entzog sich dem Umgang mit den Burschenschaftern und widmete sich medizinischen Studien sowie der Lektüre geschichtlicher Werke. In den Osterferien reiste er nach

Straßburg zu Minna Jaeglé; sie besuchte ihn und seine Eltern im Oktober: Die Verlobung war jetzt offiziell.

„Der Hessische Landbote"

Im Frühjahr 1834 baute Büchner in Darmstadt und Gießen die Sektionen eines revolutionären Geheimbundes mit dem Namen „Gesellschaft der Menschenrechte" auf. Er bemühte sich um Kontakte zu anderen hessischen Oppositionsgruppen; insbesondere suchte er die Zusammenarbeit mit dem Butzbacher Rektor Friedrich Ludwig Weidig. Büchner glaubte, dass die Revolution in Hessen von den Massen der bäuerlichen Landbevölkerung getragen werden müsste. Er hielt es für notwendig, ihr politisches und soziales Bewusstsein durch Flugschriften zu wecken. Anders als Woyzeck, der die politischen und sozialen Verhältnisse, die sein Leben bestimmen, nicht durchschaut, sollten die plebejischen Massen sich ihrer Lage bewusst werden und sie, wenn nötig mit Gewalt, verändern:

> „Wie der Prophet schreibet, also stand es bisher in Deutschland: eure Gebeine sind verdorrt, denn die Ordnung, in der ihr lebt, ist eitel Schinderei. 6 Millionen bezahlt ihr im Großherzogtum einer Handvoll Leute, deren Willkür euer Leben und Eigentum überlassen ist, und die anderen in dem zerrissenen Deutschland gleich also. Ihr seid nichts, ihr habt nichts! Ihr seid rechtlos. Ihr müsset geben, was eure unersättlichen Presser fordern, und tragen, was sie euch aufbürden. So weit ein Tyrann blicket – und Deutschland hat deren wohl dreißig – verdorret Land und Volk. Aber wie der Prophet schreibet, so wird es bald stehen in Deutschland: der Tag der Auferstehung wird nicht säumen. In dem Leichenfelde wird sichs regen und wird rauschen und der Neubelebten wird ein großes Heer sein."

Wenn er das Volk aufklären wollte, brauchte Büchner Druckmaschinen, über die Weidig verfügte. Weidig seinerseits erkannte Büchners propagandistische Begabung, so dass er zur Zusammenarbeit bereit war. Allerdings nahm er an Büchners erster Flugschrift, dem „Hessischen Landboten", erhebliche Veränderungen vor, bevor sie im Juli 1834 in den Druck ging. Ein Spitzel der Regierung verriet das Unternehmen, so dass zahlreiche Exemplare der Flugschrift beschlagnahmt werden konnten. Einige

Oppositionelle wurden verhaftet, Weidig strafversetzt, Büchner verhört.

Flucht nach Straßburg

Da Büchner mit der Verhaftung rechnen musste, bereitete er seine Flucht nach Straßburg vor. Um sie zu finanzieren, schrieb er in wenigen Wochen das Drama „Dantons Tod", das er über den Schriftsteller Karl Gutzkow einem Frankfurter Verleger zum Druck angeboten hat. Bevor das Honorar in Darmstadt ankam, war Büchner am 5. März 1835 nach Straßburg geflohen.

„Dantons Tod"

„Dantons Tod" stellt die Auseinandersetzung zwischen zwei Gruppen revolutionärer Jakobiner dar, die von Robespierre und Danton angeführt werden. Das Stück endet mit der Hinrichtung der Dantonisten. Zahlreiche politische Einsichten, die bereits in den „Hessischen Landboten" eingeflossen sind, kehren im Drama wieder.

Reiche und Arme

Der Gegensatz zwischen den Reichen und den Armen als Grundlage der sozialen Verhältnisse, die Definition der Reichen als einer Klasse, die nicht arbeitet, reich und gebildet ist, sich allen erdenklichen Genuss verschafft, aber auch unter dem Lebensgefühl der Langeweile leidet, andererseits der Armen als Menschen, die sich trotz harter Arbeit keine befriedigenden materiellen Lebensumstände schaffen können, so dass sie roh und ungebildet bleiben. Diese Thematik geht später ebenso in den „Woyzeck" ein wie die Erkenntnis Dantons, dass sein Versuch, als große Einzelpersönlichkeit den Gang der Geschichte zu bestimmen, scheitern muss, weil die Verhältnisse und Umstände das Handeln und Wirken des Menschen determinieren. Sowohl der Revolutionsheld Danton als auch der Mörder Woyzeck unterliegen diesem Determinismus, den Büchner „Fatalismus der Geschichte" (Brief an die Braut, Gießen 1834) nannte:

Bezüge „Dantons Tod" – „Woyzeck"

„Fatalismus der Geschichte"

> „Ich studierte die Geschichte der Revolution. Ich fühle mich wie zernichtet unter dem gräßlichen Fatalismus der Geschichte. Ich finde in der Menschennatur eine entsetzliche Gleichheit, in den menschlichen Verhältnissen eine unabwendbare Gewalt, Allen und Keinem verliehen. Der Einzelne nur Schaum auf der Welle, die Größe ein bloßer Zufall, die Herrschaft des Genies ein Puppenspiel, ein lächerliches Ringen gegen ein ehernes Gesetz, es zu erkennen das Höchste, es zu beherrschen unmöglich."

Dantons Behauptung: „Puppen sind wir von unbekannten Gewalten am Draht gezogen; nichts, nichts wir selbst!“ und die nicht beantwortete Frage: „Was ist das, was in uns hurt, lügt, stiehlt und mordet?“ können unmittelbar auf Woyzeck bezogen werden, dessen Leben von Verhältnissen bestimmt ist, die er nicht begreift, der einen Mord begeht, weil eine Stimme ihm zu morden befiehlt.

Naturwissenschaftliche Studien

In Straßburg widmet sich Büchner seinen naturwissenschaftlichen Studien; er arbeitete an seiner Doktorarbeit über das Nervensystem der Fische. Einige Ergebnisse trug er im April und Mai 1836 der Straßburger Naturgeschichtlichen Gesellschaft vor; sie wurden anschließend gedruckt. Im September erhielt Büchner für seine Arbeit die Doktorwürde der Universität Zürich.
Während der Monate in Straßburg bestritt Büchner seinen Lebensunterhalt u. a. mit literarischen Arbeiten. Er übersetzte zwei französische Dramen ins Deutsche und erlebte den Vorabdruck von „Dantons Tod“ in einer literarischen Zeitschrift. Außerdem beschäftigte er sich mit Leben und Werk des Sturm-und-Drang-Dichters Jakob Michael Reinhold Lenz (1751–1792), dem Verfasser der Dramen „Der Hofmeister“ und „Die Soldaten“, die Büchner in vielerlei Hinsicht bei der Abfassung des „Woyzeck“ beeinflussten. Über Lenz informierte sich Büchner u. a. in den Aufzeichnungen des elsässischen Pfarrers Johann Friedrich Oberlin, in dessen Pfarrhaus Lenz drei Wochen des Jahres 1778 verbrachte. Oberlins Bericht wurde zur wichtigsten Quelle Büchners für seine Novelle „Lenz“, in der er sich auf den Ausbruch der Schizophrenie bei Lenz konzentrierte.

„Lenz“

Büchners Behandlung der Quellen

Büchner hält sich sehr genau an seine Quelle, wie schon bei „Dantons Tod“, in dem Reden der revolutionären Führer fast wortgetreu zitiert oder Passagen aus historischen Werken über die Französische Revolution übernommen werden. Die Veränderungen, die Büchner an Oberlins Bericht über Lenz vornimmt, zeigen, dass er viel genauer die Art und die Gründe für Lenz' seelische Erkrankung erkennt als Oberlin. Ähnliches lässt ich über „Woyzeck“ sagen: Büchner folgt den historischen Tatsachen des Mordfalles Woyzeck sowie den gerichtsmedizinischen Gutachten und der Diskussion in den Fachzeitschriften. Aber er zeigt einen viel schärferen Blick als seine Quellen für die Umstände, die Woyzeck in den Wahnsinn und den Mord treiben.

Bezüge „Lenz" – „Woyzeck"

„Lenz" und „Woyzeck" verbindet das Thema „Wahnsinn". Bis in den Wortlaut hinein stimmt Büchners Darstellung des ausbrechenden Wahnsinns in beiden Werken überein:

Wahnsinn

> „... es wurde ihm [Lenz] entsetzlich **einsam**, er war allein, **ganz allein**, er wollte mit sich sprechen, aber er konnte nicht, [...] es faßte ihn **eine namenlose Angst in diesem Nichts**, er war im Leeren [...] **Es war als ginge ihm was nach**, und als müsse ihn was Entsetzliches erreichen, etwas das Menschen nicht ertragen können, als jage der Wahnsinn auf Rossen hinter ihm."
> (Vgl. das Märchen der Großmutter und die Darstellung des Verfolgungswahns in der zweiten Szene des „Woyzeck".)
> „Wenn er allein war, war es ihm **so entsetzlich einsam**, daß er beständig laut mit sich redete, rief, und dann erschrak er wieder und es war ihm, als hätte **eine fremde Stimme mit ihm gesprochen**."
> (Vgl. die „fürchterliche Stimme", die Woyzeck in der Szene „Beim Doctor" erwähnt, oder die Stimmen, die ihm den Mord an Marie befehlen.)
> Lenz hört „**die entsetzliche Stimme**, die um den ganzen Horizont schreit, und die man gewöhnlich **die Stille** heißt".
> (Vgl. das „Getös" aus der Eröffnungsszene des „Woyzeck", das sofort mit einer „kuriosen Stille" assoziiert wird, als sei „die Welt todt".)

Realistische Literaturtheorie

In einer Passage der Novelle lässt Büchner Lenz eine Kunst- und Literaturtheorie vortragen, die genau mit dem Realismus übereinstimmt, den er in seinen Briefen vertritt. Er schreibt an seine Familie:

> „Wenn man mir übrigens noch sagen wollte, der Dichter müsse die Welt nicht zeigen wie sie ist, sondern wie sie sein solle, so antworte ich, daß ich es nicht besser machen will, als der liebe Gott, der die Welt gewiß gemacht hat, wie sie sein soll. Was noch die sogenannten Idealdichter anbetrifft, so finde ich, daß sie fast nichts als Marionetten mit himmelblauen Nasen und affektiertem Pathos, aber nicht Menschen von Fleisch und Blut gegeben haben, deren Leid und Freude mich

mitempfinden macht, und deren Tun und Handeln mir Abscheu oder Bewunderung einflößt."

Lenz sagt:

> „Der liebe Gott hat die Welt wohl gemacht wie sie sein soll, und wir können wohl nicht was Besseres klecksen, unser einziges Bestreben soll sein, ihm ein wenig nachzuschaffen. Ich verlange in Allem – Leben, Möglichkeit des Daseins, und dann ist's gut; wir haben dann nicht zu fragen, ob es schön, ob es häßlich ist, das Gefühl, daß Was geschaffen sei, Leben habe, stehe über diesen Beiden, und sei das einzige Kriterium in Kunstsachen. [...] Da wolle man idealistische Gestalten, aber Alles, was ich davon gesehen, sind Holzpuppen."

Absage an den Idealismus

Ausdrücklich weist Büchner die Auffassung zurück, der Schriftsteller müsse „die Welt" zeigen, „wie sie sein soll"; „die Welt", so wie sie wirklich ist, sei darzustellen. Büchner verwirft somit die Methode des „idealistischen" Schreibens. Abgelehnt wird eine Literatur, welche die Schattenseiten des Lebens und die Hässlichkeiten der Realität ausspart und sich auf die Darstellung des Schönen konzentriert. Verworfen wird aber auch das literarische Werk, das vom Schriftsteller als Ideal der schlechten Wirklichkeit bewusst entgegengesetzt wird, weil es die Realität nicht widerspiegelt. Büchner fordert insbesondere von Dramatikern, dass sie sich an das halten, was wirklich geschehen ist.

Verhältnis Dramatiker – Historiker

Der Verfasser von „Dantons Tod" und des „Woyzeck" sieht sich als Geschichtsschreiber, dessen „höchste Aufgabe" es ist, „der Geschichte, wie sie sich wirklich begeben, so nahe als möglich zu kommen" (Brief an die Familie, Straßburg 1835). Der Dramatiker – so Büchner – unterscheidet sich vom Historiker nicht in der Thematik und dem Inhalt, sondern lediglich in den Mitteln der Darstellung:

> „... der dramatische Dichter ist in meinen Augen nichts, als ein Geschichtsschreiber, steht aber über Letzterem dadurch, daß er uns die Geschichte zum zweiten Mal erschafft und uns gleich unmittelbar, statt eine trockne Erzählung zu geben, in das Leben einer Zeit hinein versetzt, uns statt Charakteristiken Charaktere, und statt Beschreibungen Gestalten gibt."

Im „Woyzeck" hält sich Büchner weitgehend an die geschichtlichen Tatsachen, aber er erzählt sie nicht in einem sachlichen Bericht, sondern lässt sie im Drama geschehen. Woyzeck, Marie, der Hauptmann, der Doctor etc. werden nicht beschrieben und charakterisiert, sondern als wirkliche Charaktere und Gestalten auf die Bühne gebracht.

„Leonce und Lena"

Zwischen der Arbeit am „Woyzeck" und an der Novelle „Lenz" verfasste Büchner das Lustspiel „Leonce und Lena". Er wollte an einem Lustspielwettbewerb teilnehmen, aber das Manuskript traf erst nach Einsendeschluss ein, so dass Büchner es ungeöffnet zurückbekam.

Bezüge zu „Woyzeck"

Ein wesentliches Motiv dieser Komödie ist das der Langeweile, das im „Woyzeck" an die Figur des Hauptmanns geknüpft wird, der Figur, die das feudale System, die herrschende Aristokratie und Monarchie repräsentiert.

Langeweile

Auch Leonce, der Prinz des Stückes, leidet unter Langeweile, die aus seinem „entsetzlichen Müßiggang" resultiert. Peter, der König und Vater Leonces, philosophiert über den „freien Willen", der, wie er beim Anlegen seiner Hose feststellen muss, „davorn ganz offen" steht. Bei offen stehender Hose und fehlenden „Manschetten" sei es um die „Moral" schlecht bestellt, meint er. Moral, Gewissen, Sittlichkeit und Bildung werden in ihrer Bindung an die Lebensumstände und die Klasse der Feudalen gezeigt.

Moral und Bildung

> Leonce und Lena „sind sehr edel, denn sie sprechen hochdeutsch. Sie sind sehr moralisch [...], auch haben sie eine gute Verdauung, was beweist, daß sie ein gutes Gewissen haben. Sie haben ein feines sittliches Gefühl, denn die Dame hat gar kein Wort für den Begriff Beinkleider, und dem Herrn ist es rein unmöglich, hinter einem Frauenzimmer eine Treppe hinauf- oder vor ihm hinunterzugehen."

Für den Hauptmann im „Woyzeck" zeigt sich ein gutes Gewissen zwar nicht an der Verdauung, aber auch am Körper: „Ein guter Mensch, der sein gutes Gewissen hat, geht nicht so schnell." Wenn er – vom Fenster aus, nicht auf der Treppe – „den weißen Strümpfen" nachsieht, „kommt" ihm „die Liebe"; aber er unterdrückt sie, weil die Tugend es verlangt.

Nach dem Abschluss des Lustspiels „Leonce und Lena" und der Promotion über das Nervensystem der Fische widmete sich Büchner der Arbeit am „Woyzeck". Gleichzeitig übernahm er eine Privatdozentur für Physiologie und Anatomie an der Universität Zürich. Im November hielt er eine Probevorlesung „Über die Schädelnerven der Fische" und begann seine Lehrtätigkeit an der Universität Zürich mit einem Kolleg über „Vergleichende Anatomie der Fische und Amphibien". Diese Lehrveranstaltung und die Arbeit am „Woyzeck" mussten unterbrochen werden, als Büchner im Januar 1837 erkrankte. Er hatte sich mit Typhus infiziert. Am 19. Februar 1837 starb Georg Büchner an dieser Krankheit. „Woyzeck" blieb ein Fragment.

Universität Zürich: Probevorlesung, Lehrauftrag

Tod

Historische Mordfälle als Quellen

Mord am 21. Juni 1821

Am Abend des 21. Juni 1821 erstach der 41-jährige Friseur Johann Christian Woyzeck die 46-jährige Johanna Christiane Woost. Der Mord geschah im Eingang ihrer Wohnung auf der Sandgasse in Leipzig. Woyzeck hatte am Nachmittag desselben Tages einen Griff an eine abgebrochene Degenklinge befestigen lassen. Das Motiv war Eifersucht. Woyzeck tötete seine Geliebte, weil sie auch mit Leipziger Stadtsoldaten verkehrte; Woyzecks Eifersucht schlug in den Mord um, als sie ihm am 21. Juni ein Treffen verweigerte und mit einem Soldaten ausging. Der Täter wurde schon kurze Zeit später verhaftet. Es kam zum Prozess.

Erstes Clarus-Gutachten

Woyzecks Verteidiger führte das Argument an, der Täter sei nicht zurechnungsfähig gewesen. Eine gerichtsärztliche Untersuchung wurde angeordnet und der Hofrat Dr. Clarus als Gutachter bestellt. Im August und September fanden fünf Gespräche zwischen Clarus und Woyzeck statt. Am 20. September war das Gutachten fertig: Clarus hielt Woyzeck für zurechnungsfähig. Das Gericht fällte daraufhin die Todesstrafe. Trotz der Bemühungen des Verteidigers bestätigte es das Urteil am 28. Februar 1822. Zwei Gnadengesuche wurden abgelehnt.

Zweites Clarus-Gutachten

Als der Gefängnisgeistliche dem Verteidiger berichtete, Woyzeck habe ihm gegenüber behauptet, schon seit Jahren Stimmen zu hören und Geistererscheinungen zu erblicken, beantragte er, ein gründlicheres Gutachten über Woyzecks Geisteszustand von dem Leipziger Universitätsprofessor Heinroth erstellen zu lassen. Der Antrag wurde abgelehnt. Doch beauftragte man Clarus erneut mit einem Gutachten. Im Januar und Februar 1823 fanden weitere fünf Unterredungen zwischen Clarus und Woyzeck statt. In seinem zweiten Gutachten bestätigte der Hofrat das Ergebnis des ersten und bat um eine Überprüfung durch die medizinische Fakultät der Universität Leipzig. Als die Fakultät die Ausführungen Clarus' unterstützte, wurde die Hinrichtung für den 12. Juli 1824 festgesetzt. Der Verteidiger erreichte zwar noch einen Aufschub, aber die Exekution blieb unabwendbar. Am 27. August richtete man Woyzeck auf dem Marktplatz in Leipzig öffentlich hin.

Hinrichtung

Wenige Tage vor der Hinrichtung veröffentlichte Clarus sein zweites Gutachten als Buch, 1825 erschien es zusätzlich in „Henkes Zeitschrift für die Staatsarzneikunde". Doch damit war der Fall Woyzeck gerichtsmedizinisch keineswegs abgeschlossen. Der Bamberger Landgerichtsarzt Dr. Marc verfasste eine Gegenschrift zum Clarus-Gutachten, in der er zu dem Ergebnis kam, Woyzeck sei unzurechnungsfähig gewesen. Der Leipziger Professor Heinroth veröffentlichte daraufhin einen eigenen Beitrag, mit dem er Marc kritisierte und Clarus bestätigte. Clarus allerdings sah sich genötigt, sein erstes Gutachten in Henkes Zeitschrift zu publizieren. Der Streit der Experten setzte sich fort.
Büchner kannte die gerichtsmedizinischen Stellungnahmen. In der Bibliothek seines Vaters, der selbst gelegentlich für Henkes Zeitschrift Beiträge schrieb, waren alle Bände der „Zeitschrift für die Staatsarzneikunde" vorhanden. Insbesondere dem zweiten Clarus-Gutachten konnte Büchner eine Fülle von Informationen über das Leben Woyzecks und die Symptome seiner geistigen Verwirrung entnehmen.

Gerichtsmedizinische Stellungnahmen

Johann Christian Woyzeck kam 1780 als Sohn eines Perückenmachers in Leipzig auf die Welt. Die Mutter starb 1788, der Vater 1793. In diesem Jahr begann Woyzeck als Dreizehnjähriger eine Lehre als Perückenmacher. Die Stieftochter seines Lehrherrn war Johanna Christiane Woost, die Ehefrau eines Chirurgen. 1798 verließ Woyzeck seine Heimatstadt. Er ging auf Wanderschaft und Arbeitssuche, war aber erfolglos und ließ sich schließlich in Lübeck bei einem holländischen Regiment anwerben. Er wurde von den Schweden gefangen und trat in schwedische Dienste (1807). Nach dem finnischen Feldzug gegen Russland kehrte Woyzecks Regiment nach Vorpommern zurück und wurde von der Besatzungsmacht Frankreich entwaffnet. Woyzeck schloss sich mecklenburgischen Truppen an, desertierte aber,

Woyzecks Herkunft

Woyzecks Militärzeit

um zu den Schweden zurückzukehren. 1815 musste Schweden Vorpommern an Preußen abtreten; Woyzeck wurde dadurch zum preußischen Soldaten. 1818 nahm er seinen Abschied und ging nach Leipzig zurück.

Woyzecks Geliebte in Stralsund

Clarus gegenüber äußerte Woyzeck, er habe 1810 in Stralsund ein Mädchen heiraten wollen, das ein Kind mit ihm hatte. Durch die Kriegswirren sei die Heirat verhindert worden. Als Motiv für die Desertion gab Woyzeck an, er habe zu seiner Geliebten zurückkehren wollen. Obwohl diese sich während seiner Abwesenheit mit anderen Soldaten eingelassen habe, hätten sie ihre Beziehung wieder aufgenommen. Doch sei der Plan zu heiraten erneut gescheitert, angeblich wegen fehlender Papiere. Woyzeck erinnerte sich, dass er in dieser Phase seines Lebens zum ersten Male „trübsinnig" gewesen sei und Geistererscheinungen wahrgenommen habe.

Die Vorgeschichte des Mordes

Nach Leipzig zurückgekehrt, musste Woyzeck sich mit Gelegenheitsarbeiten durchschlagen. Seine Versuche, Leipziger Stadtsoldat zu werden, scheiterten. Er begann zu trinken; das änderte sich auch nicht, als er bei der Witwe seines ehemaligen Lehrherrn einzog und die inzwischen verwitwete Johanna Christiane Woost wiedertraf; sie wurde seine Geliebte. Ihre Beziehung wurde dadurch belastet, dass sie weiterhin den Umgang mit Leipziger Soldaten pflegte, insbesondere dann, wenn Woyzeck kein Geld verdiente. Woyzecks Eifersucht führte zu gewalttätigen Auseinandersetzungen; einmal wurde er wegen Misshandlung der Frau Woost mit acht Tagen Arrest bestraft.

> „In der letzten Zeit vor der Tat war es Woyzeck [...] sehr schlecht ergangen. Nicht einmal als Handlanger bei den Maurern und auf der Ziegelscheune war er angenommen worden. Tagelang mußte er im Freien übernachten, da er kein Schlafgeld hatte. Er lebte von Bettelei und gelegentlichen Unterstützungen, die ihm ein Stiefbruder, der auch in Leipzig wohnte, zukommen ließ. In diesen Wochen vor der Mordtat vom 21. Juni muß Woyzeck in seiner Verzweiflung und wütenden Eifersucht immer mehr an Rache gedacht haben. [...] Die Tat selbst ergab sich aus dieser Konstellation von Arbeitslosigkeit, Hunger, Erniedrigung aller Art, Haß und Eifersucht."
> (Hans Mayer, 1984, S. 55.)

Zahlreiche Einzelheiten, die in Clarus' Gutachten berichtet wurden, hat Büchner für sein Stück übernommen:

Inhaltliche Übernahmen aus dem Clarus-Gutachten

- Woyzeck misshandelte Frau Woost, als er sie mit einem Nebenbuhler beim Tanz beobachtete.
- Er ärgerte sich sehr, wenn man ihm sagte, er sei ein guter Mensch.
- Woyzeck glaubte, von den Freimaurern verfolgt zu werden.
- Er hörte Stimmen, u. a. solche, die ihm befahlen, Frau Woost zu töten.

Die Fälle Schmolling und Dieß

Die inhaltlichen Veränderungen, die Büchner am historischen Fall Woyzeck vornahm, sind teilweise dadurch zu erklären, dass er auch auf Veröffentlichungen über andere spektakuläre Morde zurückgegriffen hat. Besonders wichtig sind die Fälle des Tabakspinnergesellen Daniel Schmolling, der am 25. Septembe 1817 bei Berlin das junge Mädchen Henriette Lehne ermordete, und des Leinewebergesellen Johann Dieß, der am 15. August 1830 seine Geliebte Elisabetha Reuter in Darmstadt umbrachte. Es ist nicht unwahrscheinlich, dass Büchner während seines Anatomiepraktikums in Gießen an der Obduktion der Leiche des Johann Dieß beteiligt war; Dieß starb im Gefängnis und wurde in das „anatomische Theater" in Gießen überführt. Dieß hatte im Gegensatz zum historischen Woyzeck ein Kind mit seinem Opfer, wie der Woyzeck in Büchners Drama. Das Mordgeschehen gestaltete Büchner nach den Umständen im Fall Schmolling. Während der Mord an Frau Woost im Eingang ihrer Wohnung in Leipzig geschah, tötete Schmolling sein Opfer außerhalb Berlins auf der Hasenheide. Büchner verlegte im „Woyzeck" die Tat vor die Stadt; aus der Hasenheide wurde „die Lochschanz".

Der Fall Rivière

Albert Meier vermutet, dass Büchner von einem in Frankreich viel diskutierten Mord angeregt worden ist, den „Woyzeck" zu schreiben. Es handelt sich um den Fall des 20-jährigen Bauernsohns Pierre Rivière, der am 3. Juni 1835 in Aunay (Normandie) seine Mutter, seine Schwester und seinen Bruder mit einem Beil tötete. Einige Diskussionsbeiträge über die Frage, ob Rivière zurechnungsfähig gewesen sei, wurden 1836 in den ‚Annales d'hygiène publique et de médicine légale' veröffentlicht. Rivière verfasste eine Selbstdarstellung, in der er die Lebensumstände der Familie und seine persönliche Entwicklung beschrieb, die Planung der Morde und seine Motive erläuterte.

> „Büchner hat mit seinem „Woyzeck" Ähnliches unternommen: die Entwicklung zu einem Verbrechen von der Situation des Täters aus darzustellen und zu erklären. Die literarische Struktur des „Woyzeck" simuliert die Selbstdarstellung [...], indem Woyzecks Umwelt vorherrschend im Bezug auf diesen dargestellt wird, so daß das Geschehen im Drama im wesentlichen in der Perspektive Woyzecks erscheint und von seiner Person aus verständlich wird." (Meier, S. 20.)

Zur Rezeptionsgeschichte des „Woyzeck"

Als Büchner im Februar 1837 stirbt, hinterlässt er die handschriftlichen Fragmente des „Woyzeck". Karl Gutzkow, der „Dantons Tod" an den Verleger Sauerländer vermittelte, veröffentlicht 1838 und 1839 in seiner Zeitschrift „Telegraph für Deutschland" die Novelle „Lenz" und das Lustspiel „Leonce und Lena". Die „Woyzeck"-Fragmente aber bleiben liegen. Sie erscheinen auch nicht in der 1850 von Büchners Bruder Ludwig herausgebrachten Werkausgabe. Erst 1879 werden sie durch die Edition des Publizisten Karl Emil Franzos bekannt.

1879 Erste Veröffentlichung des „Woyzeck"

Eine der ersten überlieferten Reaktionen auf das noch „Wozzeck" genannte Stück ist in einem Brief Gottfried Kellers an Paul Heyse vom 29. März 1880 zu finden. Keller zeigt sich von der „Realistik" des „Trauerspielfragments" beeindruckt (Dietmar Goltschnigg, 1974, S. 119). In die gleiche Richtung geht die Auffassung einiger deutscher Schriftsteller des Naturalismus. Die Naturalisten, darum bemüht, die Realität des späten 19. Jahrhunderts (Industrialisierung, soziale Probleme) genau und wirklichkeitsgetreu darzustellen, sehen in Büchner bald einen wegweisenden Vorläufer ihrer literarischen Bemühungen. In einigen Werken Gerhart Hauptmanns („Bahnwärter Thiel", 1888 und „Fuhrmann Henschel", 1898) und Frank Wedekinds („Frühlings Erwachen", 1891) ist der Einfluss Büchners unverkennbar.

Rezeption durch den Naturalismus

Trotz dieses Interesses an Büchner dauert es noch bis 1913, bevor zum 100. Geburtstag Büchners sein „Woyzeck" am Münchner Residenztheater gespielt wird. Die Inszenierung von Eugen Kilian versucht, das Publikum „zum sozialen Mitgefühl mit dem geknechteten Individuum" aufzufordern, gleichzeitig jedoch „den Blick auf das Typische aller menschlichen Existenz" zu richten (Dietmar Goltschnigg, 1975, S. 55). In einer Kritik von Edgar Steiger heißt es zu dieser Aufführung, dass „hinter der unwiderstehlichen Komik der Erscheinung, die uns ständig zum Lachen reizt, ein tragisches Mitleid mit

1913 Uraufführung

der gepeinigten Kreatur und ein heiliger Zorn gegen die satten Peiniger, die sich in ihrer moralischen Erbärmlichkeit so hoch erhaben über das arme Opfer ihrer Willkür dünken, zittert“ (Goltschnigg, S. 222). Auch sei es gelungen, „den grauen Alltag zum leuchtenden Symbol“ zu erheben. Andere Kommentare dieser Zeit heben an Büchners Stück hervor, dass es viele Züge der literarischen Moderne vorweggenommen habe. Paul Landau z. B. erwähnt die „hohnvoll wüste, in einem schmerzvollen Gelächter aufschreiende Weltverachtung, die starre Gegenüberstellung tragischer Größe und burlesker Karikaturistik“ (Goltschnigg, S. 176).

Rezeption in der Weimarer Zeit

Für die Rezeption der Weimarer Zeit sind zwei Theateraufführungen von 1927 und 1928 charakteristisch. Jürgen Fehlings Inszenierung am Berliner Schillertheater nimmt dem Stück weitgehend die soziale Problematik und konzentriert sich auf die Eifersuchtstragödie. Fehling unterstreicht die Passivität Woyzecks, die durch die ihm feindselig gesonnene Umwelt verstärkt wird. Am Wiener Raimundtheater hingegen spielt man die „Woyzeck“-Fassung Franz Theodor Csokors, die eine sozialrevolutionäre Tendenz hat.

Ein großer Roman dieser Zeit, Alfred Döblins „Berlin Alexanderplatz“, ist eher Fehling als Csokor verwandt. Franz Biberkopf, die proletarische Hauptfigur des Buches, ermordet seine Geliebte und kehrt nach vier Gefängnisjahren in die Großstadt Berlin zurück, wo er seinen Existenzkampf erneut aufnehmen muss. Julius Bab, einer der bedeutenden Kritiker der Zeit, bezeichnet hingegen Büchners Stück als „die weitaus frühste und die weitaus größte proletarische Dichtung, die wir in deutscher Sprache besitzen“, hebt also, wie Csokor, die sozialrevolutionäre Seite des „Woyzeck“ hervor (Goltschnigg, S. 155).

Rezeption während des Nationalsozialismus

Die intensive Bemühung um das Werk Georg Büchners findet in der Zeit des Nationalsozialismus ihr vorläufiges Ende. Die Thematik und die Figuren Büchners entsprechen nicht den herrschenden Vorstellungen von deutscher Kunst und arischem Menschentum. Es gibt allerdings einige abstruse Versuche, „Woyzeck“ im Sinne der nationalsozialistischen Ideologie umzudeuten.

Intensive Rezeption seit 1945

Nach 1945 setzt eine intensive Rezeption Büchners ein. Für die Büchner-Forschung von besonderer Bedeutung ist die Publikation der historisch-kritischen Werkausgabe Werner R. Lehmanns (seit 1967), die als maßgebliche Edition die Gesamtausgabe Fritz Bergemanns (1922) ersetzt hat. „Woyzeck" erscheint in mehreren guten Einzelausgaben (u. a. Bornscheuer, Krause, Mayer, Poschmann). Das Stück wird an allen deutschsprachigen und vielen ausländischen Bühnen aufgeführt.

Ausgaben

Seit 1951 gibt es den Georg-Büchner-Preis, gestiftet von der „Deutschen Akademie für Sprache und Dichtung" in Darmstadt, der von allen Literaturpreisen in der Bundesrepublik der wichtigste ist. Die Reden der Preisträger belegen, welchen Einfluss Büchner auf die Schriftsteller der Nachkriegszeit ausübt (vgl. die von Ernst Johann und Herbert Heckmann herausgegebenen Sammlungen dieser Reden). Die seit 1979 bestehende Georg-Büchner-Gesellschaft widmet sich der Erforschung von Leben und Werk Georg Büchners im Zusammenhang der Vormärz-Bewegung; sie gibt das „Büchner-Jahrbuch" heraus.

Georg-Büchner-Preis

Georg-Büchner-Gesellschaft

Literaturwissenschaftliche Deutungen

Soziologische Interpretationen des „Woyzeck"

Eine der wichtigsten Publikationen der Büchner-Forschung in der Nachkriegszeit ist die Monographie „Georg Büchner und seine Zeit" von Hans Mayer. Der Verfasser geht bei der Analyse des „Woyzeck" von der gründlichen Dokumentation des historischen Falls Woyzeck aus. Er behauptet, Büchner habe sich dem Stoff zugewandt, da sich in ihm sein Grundthema zeige, „die Abhängigkeit menschlicher Existenz von Umständen, die ‚außer uns liegen'" (Mayer, S. 339). Nach Mayer bleibt Büchner nicht bei der Erkenntnis stehen, dass Woyzeck unzurechnungsfähig ist, weil er vom Wahnsinn getrieben wird. Vielmehr stelle er die weitergehende Frage: „... was treibt diesen Menschen Woyzeck in die Verstrickung und Umnachtung des Geistes? Mit aller Schonungslosigkeit und Helligkeit aber antwortet das Drama, indem sein Held die Antwort gleichsam vorlebt: die Armut, die ‚Umstände' seines materiellen Lebens treiben jenen Woyzeck in die Umdüsterung, in die Auflösung seiner Bindung zur Umwelt, ins Verbrechen" (Mayer, S. 341). Damit ist der entscheidende Faktor dessen, „was in uns lügt, hurt, stiehlt und mordet“ bestimmt. Es sind die sozialen Verhältnisse, in die jeder unabänderlich hineingeboren wird. Von diesem soziologischen Interpretationsansatz her analysiert Mayer die verschiedenen inhaltlichen und formalen Aspekte des Stückes. In Paul Rillas Essay „Georg Büchner“ wird ähnlich argumentiert, so dass sein Verfasser den „Woyzeck“ abschließend als „erste soziale Tragödie der deutschen Bühne“ bezeichnet (Goltschnigg, S. 311). Als logische Konsequenz dieser soziologischen Deutung des Stückes ergibt sich, dass die Eifersucht als treibende Kraft der Handlung von zweitrangiger Bedeutung ist. Das unterstreicht Henri Poschmann, der insbesondere bestreitet, „daß in der Anordnung Woyzeck – Marie – Tambourmajor [...] eine der üblichen Dreieckskonstellationen einer Eifersuchtstragödie vorliegt“ (Gerhard P. Knapp, S. 125).

Die zweite Konsequenz ist, dass alle Werte, Personen und Verhältnisse, die Woyzecks Leben und Handeln bestimmen, kritisiert werden müssen. Das Stück, so wird man schließen, hat eine sozialrevolutionäre Tendenz, die nach einer Änderung der Verhältnisse verlangt und zumindest andeutet, dass die Veränderung nur von der Klasse der Armen, von der großen Masse des Volkes getragen werden kann. Hans Jürgen Geerdts („Georg Büchners Volksauffassung“, 1963) erkennt zwar an, dass Woyzeck, eine durch und durch leidende Figur, noch nicht die aktiven Kräfte der Massen verkörpern kann: „Doch ist die Empörung, der elementare Protest des Unterdrückten eine gewaltige Anklage gegen die herrschende feudale und bürgerliche Moral. Diese Empörung ist künstlerisch so verallgemeinert worden, daß sie alles an Rebellion einschließt, was zur Zeit Büchners von den Volksmassen ausging“ (Goltschnigg, S. 401 f.). Büchner, so Geerdts, zerstört mit dem Stück die Illusion des idyllischen Volkslebens, er vermeidet jede „volkstümliche“ Darstellung, bringt aber gleichzeitig seine Sympathie und Parteinahme für die unterdrückten Armen zum Ausdruck, deren typisierte Repräsentationsfigur Woyzeck ist.

Wie Gerhard Jancke („Georg Büchner“, Kronberg 1975) nachzuweisen versucht, sind der Hauptmann und der Doctor die ebenfalls typisierten Gegenfiguren zu Woyzeck, die sich in ihren Ausführungen über die Moral und die Freiheit als ideologische Vertreter der das Volk unterdrückenden Schichten entlarven, aber genau wie Woyzeck dem allgemeinen Gewaltzustand und der Entfremdung unterworfen sind. Die Rede des Handwerksburschen und das Märchen der Großmutter belegen, so Jancke, dass Büchner als Ursache dieser Verhältnisse das kapitalistische Wirtschaftssystem bereits bewusst ist. Büchner wolle mit diesen beiden nicht-dramatischen Formen deutlich machen, dass die moderne Ökonomie den Menschen auf die Rolle des Produzenten reduziere und auch den Dingen ihren Wert nehme, da sie in Waren umgewandelt werden: „Die Welt, in der die Menschen sich gegenseitig wertlos sind und nur durch die Gegenstände aufeinander bezogen, deren Erwerb wiederum sich das Leben unterordnet – eine solche Welt ist letzten Endes eine Ruine, in der das Individuum verlassen, als lebender Leichnam, umherirrt ..." (Jancke, S. 274).

Existentielle Interpretationen des „Woyzeck"

Es gibt eine Reihe von Interpretationen des „Woyzeck", die zwar die soziale Thematik des Stückes nicht leugnen, aber zu dem Ergebnis kommen, dass sie anderen Aspekten untergeordnet werden muss. Das behauptet z. B. der englische Literaturwissenschaftler A. H. J. Knight (Georg Büchner, Oxford 1951), der bei seiner Interpretation von der komplizierten Handschriftenlage und dem historischen Fall Woyzeck ausgeht, bei der Deutung der Hauptfigur aber zu dem Ergebnis kommt, Woyzeck sei eine Art Naturkind, das den Mord aus menschlicher Charakterschwäche begehe:

> „... nowhere in **Woyzeck** is it stated, or even implied, as an opinion held by the characters or by the author, that the avoidance of major crime is a matter of social circumstance. Woyzeck's murder of Marie arises not out of social circumstance, not out of poverty or ignorance, but out of simple human frailty ..." (Knight, S. 141).

In die gleiche Richtung tendieren alle Interpretationen, die Büchners Begriff „die Armen" nicht sozial, sondern existentiell deuten, als Bezeichnung für die modernen Menschen, die in ihrem Denken und Fühlen nicht mehr von der Gewissheit getragen werden, dass ein Gott oder ein anderes absolutes Prinzip die Sinnhaftigkeit der Welt und des menschlichen Lebens garantiert. Davon geht Benno von Wiese aus („Die deutsche Tragödie von Lessing bis Hebbel", 1948). Der einsame, auf sich selbst zurückgeworfene Mensch fällt wieder einer vitalen Urangst anheim und erlebt die Welt als sinnlos und leer. So wird „Woyzeck" als „Tragödie des Nihilismus" gesehen. Ähnliche Ansichten vertritt Robert Mühlher, der in einem umfangreichen Aufsatz den Quellen von Büchners angeblichem Nihilismus nachgeht (in Wolfgang Martens).

Das Stück als Rechtfertigung des historischen Woyzeck

Neben den soziologischen und den existentiellen Interpretationen gibt es einige Studien, die versuchen, das Stück als eine Stellungnahme zum historischen Fall Woyzeck und insbesondere den gerichtsmedizinischen Gutachten des Hofrats Clarus zu verstehen. Es wird dann zu einem „Wiedergutmachungsversuch [...] am Unrecht, das Woyzeck als Recht geschehen ist" (Thorn-Prikker, S. 132). Solche Interpretationen werden gestützt durch die zahlreichen Fakten und Zitate, die Büchner aus den Gutachten übernimmt. Thorn-Prikker kann ferner darauf verweisen, dass sich der „Woyzeck" dem historisch korrekten Schluss, Verurteilung und Hinrichtung, entzieht, weil ein solcher Schluss die Rechtfertigung der gesellschaftlichen Verhältnisse, des Gutachters und des Justizwesens impliziere.

Untersuchungen zur Form des „Woyzeck"

Bis zu einem gewissen Grade neutral gegenüber der inhaltlichen Deutung sind Untersuchungen, die sich formalen Gesichtspunkten widmen. Hier sind Volker Klotz („Geschlossene und offene Form im Drama", 1969), Helmut Krapp („Der Dialog bei Georg Büchner", 1958), Gonthier-Louis Fink („Volkslied und Verseinlage in den Dramen Büchners", 1961; in: Martens, ed.) und Franz H. Mautner („Wortgewebe, Sinngefüge und ‚Idee' in Büchners Woyzeck", 1961; in: Martens, ed.) zu nennen.

Bedeutung der Textkritik und Entstehungsgeschichte für die Interpretation

In den letzten Jahren zeigt sich immer deutlicher, dass zuverlässige interpretatorische Aussagen über „Woyzeck" nur erreicht werden können, wenn die Handschriftenlage und die verschiedenen Phasen der Textentstehung angemessene Berücksichtigung finden. Auf diesem Wege könnte der Streit der Interpreten teilweise beigelegt werden. So beantwortet z. B. Albert Meier mit seinem Buch über „Woyzeck" sehr einleuchtend die Frage, ob das Stück primär als Eifersuchtstragödie oder als soziales Drama gesehen werden muss. Die erste Fassung des „Woyzeck" ist in zwei Szenengruppen überliefert, die Lehmann als H1 und H2 bezeichnet. Die erste Szenengruppe enthält die Eifersuchtstragödie, die zweite konzentriert sich auf die soziale Problematik. H4, die vorläufige Reinschrift, stellt den Versuch einer Synthese dar, und zwar in dem Sinne, dass die Psychologie Woyzecks, und das heißt unter anderem: die Eifersucht, als Folge seiner sozialen Lage gelten muss.

„Woyzeck" als Oper, Hörspiel, Film

Zur Rezeptionsgeschichte des „Woyzeck" gehören auch die Versuche, dem Stück andere Bereiche der künstlerischen Darstellung zu erschließen.

Alban Bergs Oper „Wozzeck"

1921 vollendet Alban Berg die Oper „Wozzeck", in der Beurteilung vieler Musikkritiker „das repräsentative Werk des modernen Musiktheaters" (Volker Scherliess: Alban Berg, S. 76). Die Grundlage des Libretto ist die „Woyzeck"-Ausgabe von Franzos, die Berg allerdings erheblich verändert, so dass ein Drama in drei Akten mit jeweils fünf Szenen entsteht. Der dreiaktige Aufbau spiegelt die traditionelle aristotelische Auffassung der Handlungsführung in einem Drama; die Tragödie vollzieht sich gemäß dem Dreischritt Exposition – Peripetie – Katastrophe. Wiederholungen sind gestrichen, die Handlung folgt dem Prinzip der kontinuierlichen Steigerung. Der Höhepunkt liegt im dritten Akt: Wozzeck tötet Marie und ertrinkt im Teich. Das Stück hat somit einen Schluss, ein Finale bekommen.

> „Über die Qualität der Musik per se und über ihre innere Verwandtschaft zum Woyzeck-Stoff, so wie ihn der Komponist adaptiert, wird man kaum streiten können. Daß aber **Wozzeck** nicht **Woyzeck** ist, daran kann es auf der anderen Seite kaum Zweifel geben. Nicht nur die Grundstruktur [...] wird vom Punktuellen hin zur kausalen Geschlossenheit verändert, nicht nur die innere Motivation verschiebt sich zu einer stärkeren Akzentuierung der Eifersuchtstragödie, sondern auch der Schluss gibt eine Finalität vor, die von Büchner so nicht intendiert gewesen sein kann."
> (Knapp, S. 171 f.).

Libretto nach aristotelischem Muster

***I. Akt:* Exposition**

1. Sz. – Hauptmann
2. Sz. – Andres
3. Sz. – Marie
4. Sz. – Doctor
5. Sz. – Tambourmajor

Vorstellung der Hauptfiguren:
Wozzeck und die Umwelt

***II. Akt:* Peripetie**

1. Sz. – Wozzecks Verdacht
2. Sz. – Wozzeck wird verspottet
3. Sz. – Wozzeck beschuldigt Marie
4. Sz. – Marie tanzt mit Tambourmajor
5. Sz. – Tambourmajor besiegt Wozzeck

Motivation des Mordes:
Wozzeck erkennt Maries Untreue

***III. Akt:* Katastrophe**

1. Sz. – Marie bereut
2. Sz. – Wozzeck tötet Marie
3. Sz. – Wozzeck flieht
4. Sz. – Wozzeck ertrinkt im Teich
5. Sz. – Spiel der Kinder

Schuld und Sühne:
Wozzeck tötet Marie und begeht Selbstmord

Weißberg/Carthiol: „Woyzeck“ als Hörspiel

Von Daniel Weißberg und Claude Carthiol stammt eine Hörspielfassung des „Woyzeck“, die von der Annahme ausgeht, dass Büchner mit seiner Dramaturgie der knappen und sprunghaften Beleuchtung verschiedener Schauplätze eine Entwicklung vorausgenommen hat, der erst mit den technischen Mitteln des 20. Jahrhunderts voll Rechnung getragen werden könne. Bestimmte Möglichkeiten des Hörspiels, wie z. B. Überblendung und Montage, werden von Weißberg/Carthiol ausgiebig genutzt, um dem Drama Büchners auch im Rundfunk möglichst nahe zu kommen.

Der „Woyzeck“-Film von Werner Herzog

Viel Lob erhält Werner Herzog für seine Verfilmung des „Woyzeck“ (1979) von Peter Buchka. Herzog sei es gelungen, die „Struktur des Textes filmisch umzusetzen“, d. h. nicht nur den Inhalt des Stückes auf die Leinwand zu bringen, sondern auch die formale Eigenart des Büchner-Fragments zu wahren:

„Wenn er [Herzog] seinen Film übergangslos mit harten Schnitten blockartig aufgliedert, dann ist er enger an Büchners Fragment, als wenn er dessen Unvollendetheit mit weichen Übergängen kaschieren würde [...] Herzog hat immer relativ abrupt aneinandergefügt, bedenkenlos jene Zwischenschnitte ignoriert, die nach den Regeln des Hollywoodschen Erzählkinos den Verlauf der Zeit oder die Veränderung des Ortes markieren sollten" (in Karl Schuster, S. 78.).

„Wodzeck" von Oliver Herbrich

1984 versucht Oliver Herbrich unter dem Titel „Wodzeck", die Figur Büchners zu aktualisieren. Der Film spielt im Ruhrgebiet: Wodzeck, Akkordarbeiter an der Stanzmaschine, tötet 1973 als Siebenundzwanzigjähriger seine Freundin Maleen, eine Kassiererin, die sich seit einem Betriebsjubiläum von ihm abwendet, weil ein Mitglied des Firmenvorstands sich um sie bemüht. Aus dem Doctor ist ein Werksarzt geworden, aus dem Tanzboden im Wirtshaus eine neuzeitliche Diskothek usw. Zwar hält sich der Film an den Handlungsverlauf der Vorlage, doch wirken die aus dem Text Büchners in den Film montierten Zitate wie Fremdkörper. Bemerkenswert ist der Einfall, den Film mit dem letzten Satz der Novelle „Lenz" zu beenden: „So lebte er hin." Bezogen auf Woyzeck bzw. Wodzeck, drückt er die Fortdauer des Elends aus – der Schluss ist offen.

Worterklärungen. Eine alphabetische Zusammenstellung

Akkord Vertrag

allons frz. Gehen wir! Los!

Ammonium s. Harnstoff

anglaise eine Art Rock, Mantel

apoplexia cerebralis Gehirnschlag

à propos frz. übrigens

bête frz. Tier

Bouteille frz. Flasche

centrum gravitationis Mittelpunkt der Schwerkraft, Erdmittelpunkt

commencement frz. Beginn, Anfang

Diskurs Rede, Gespräch

Der Kerl soll dunkelblau pfeifen. Der Ausdruck soll bedeuten: Ihm wird das Pfeifen schon noch vergehen.

Freimaurer Die Freimaurerei ist eine über die ganze Welt verbreitete Bewegung, die kosmopolitisch orientiert ist, und das Ziel verfolgt, auf der Grundlage der natürlichen Ethik das Ideal des Humanismus zu verwirklichen; sie ist nicht politisch oder konfessionell gebunden. 1737 wurde die erste Loge – so heißen die Vereinigungen der Freimaurer – in Deutschland gegründet. Zahlreiche Monarchen (Friedrich der Große, Wilhelm I., Friedrich III.), Politiker und Offiziere (Blücher, Hardenberg), Schriftsteller (Lessing, Goethe), Musiker (Haydn, Mozart) und Philosophen (Fichte) waren Freimaurer oder sympathisierten mit ihren Ideen. Die Freimaurerei wurde von den christlichen Kirchen, insbesonders der römisch-katholischen, abgelehnt und gab wegen geheimnisvoller Riten und Symbole, deren die Freimaurer sich bedienten, dem volkstümlichen Aberglauben Nahrung zur Legendenbildung. Man unterstellte den Freimaurern Zauberkünste und Teufelsbündnisse; sie sollten angeblich eine Geheimsprache und einen mysteriösen Erkennungsgruß haben, sich in unterirdischen sargförmigen Sälen versammeln und von rituellen Menschenopfern und der Tötung Abtrünniger nicht zurückschrecken.

Harnstoff auch: salzsaures Ammonium, Hyperoxydul – Bezeichnungen für chemische Verbindungen, die der Doctor in Woyzecks Urin zu finden hofft.

Hyperoxydul s. Harnstoff

Kamisolche Hemd

Kloben ein gespaltener Stock

Menage frz. Haushalt

Montur Uniform, Dienstausrüstung

musculus constrictor vesicae lat. Blasenschließmuskel

Neuntödter ein Vogel, der Insekten, von denen er sich ernährt, auf Dornen spießt

Plinius Wahrscheinlich ist nicht Plinius, sondern Plutarch gemeint, der erzählt, Alexander der Große habe seinen Soldaten befohlen, sich die Bärte abzurasieren, damit sich die Feinde nicht an ihnen festhalten konnten.

proteus eine froschartige Eidechse

raison frz. Vernunft, Verstand

repräsentation Vorstellung, Darbietung

sapeur frz. Pionier

Selbstaffirmation Selbstbestätigung, Selbstbejahung

Societé auch: Societät – frz. Gesellschaft

Viehsionomik Wortspiel mit Physiognomik, einer Lehre, die besagt, dass man von der äußeren Erscheinung und dem Verhalten eines Menschen auf seinen Charakter schließen könne

Weißbinder Anstreicher

Zagel Schwanz, Zopf

Prüfungsaufgaben und Lösungen

Die Prüfungsaufgaben gehen von folgenden Textstellen aus:

1 Eifersucht (Kammer I, Kammer II, Wirthshaus)
2 Gegensatz Hauptmann – Woyzeck (Der Hauptmann. Woyzeck)
3 Gegensatz Doctor – Woyzeck (Beim Doctor)
4 Beziehung Hauptmann – Doctor (Straße)
5 Das Märchen der Großmutter (Marie mit Mädchen vor der Haustür)
6 Der Schluss (Woyzeck an einem Teich; Der Idiot. Das Kind. Woyzeck)
7 Fatalismus (Büchners Brief „An die Braut“, Gießen, nach dem 10. März 1834)
8 Dramatische Dichtung, Büchners Brief „An die Familie“ (Straßburg, 28. Juli 1935)

1 Eifersucht

Vorliegende Szenen
Kammer I, Kammer II, Wirthshaus

Aufgabe
Erläutern Sie insbesondere anhand dieser drei Szenen die Beziehungen zwischen Woyzeck, Marie und dem Tambourmajor. Erörtern Sie anschließend, inwiefern das Stück wegen dieser Dreieckskonstellation als Eifersuchtstragödie anzusehen ist.

1. Thema und Verfahren der Analyse
- **These:** Eifersucht wird häufig als zentrales Thema des Stückes angesehen. Beziehungen zwischen Woyzeck, Marie und Tambourmajor gelten als Ausdruck der typischen Dreieckskonstellation einer Eifersuchtstragödie.
- **Gegenthese:** Eifersucht ist nur ein Thema unter anderen. Soziale Thematik ist dem Motiv ‚Eifersucht' übergeordnet. Es gibt keine für Eifersuchtstragödien typische Dreieckskonstellation.
- Die drei Szenen zeigen jeweils zwei Personen der Figurenkonstellation: Marie und Woyzeck, Marie und Tambourmajor, Tambourmajor und Woyzeck.
- Stellenwert des Themas ‚Eifersucht' nur zu erkennen, wenn über die drei Szenen hinaus das ganze Stück berücksichtigt wird.

2. Beziehungen der drei Figuren
- **Marie:** ist arm
  - versorgt im Alltag das Kind allein
  - hält sich für eine anziehende Frau
  - möchte einen attraktiven Mann, der anwesend ist, sie umwirbt, ihr Geschenke macht und ein „luxuriöses" Leben bieten kann
  - Woyzeck kann dies nicht, wohl aber der Tambourmajor
  - verurteilt ihr Verhältnis mit dem Tambourmajor und spricht in diesem Zusammenhang von Selbstmord durch Erstechen als Strafe
  - ist eine triebhafte Frau, Tiervergleiche legen die Formulierung von „animalischer Sinnlichkeit" nahe
  - empfindet Stolz und Befriedigung, weil sie vom attraktiven Tambourmajor begehrt wird

- **Woyzeck:** ist arm
  - muss ständig arbeiten und ist daher ein körperliches Wrack
  - ist materiell von sozial höher gestellten Personen abhängig
  - Verhältnisse zwingen ihn zu seiner Lebensweise
  - verliert den Kampf mit Tambourmajor
  - setzt sich verbal nicht zur Wehr – er ist „sprachlos"
  - fühlt sich gedemütigt und sinnt auf Rache
- **Tambourmajor:**
  - fühlt sich von Marie in seinem männlichen Imponiergehabe bestätigt
  - weiß, dass er seine herausgehobene Position unter den einfachen Soldaten nur seinem beeindruckenden Äußeren verdankt
  - hält Trinken, Verwendung vulgärer Kraftausdrücke und Anzetteln von Wirtshausschlägereien für Beweise der Männlichkeit
  - ist Woyzeck körperlich überlegen

3. „Woyzeck": Eifersuchtstragödie mit Dreieckskonstellation?

- **pro:**
  Eine Frau steht zwischen zwei Männern. Marie wird getötet.
  Woyzeck und Marie entwickeln ein Bewusstsein der Schuld; sie sprechen bezüglich der Untreue von „Sünde". – Aber: Marie wird in der ‚Verführungsszene' von ihrem Trieb überwältigt, sie entscheidet sich nicht bewusst und frei für die „Sünde". Woyzeck ist nicht zurechnungsfähig, er ist dem „Wahnsinn" verfallen.
- **contra:**
  Woyzeck und Marie bezeichnen sich als „arm". Ihr Verhalten ist von den materiellen Verhältnissen, dem Zustand der Gesellschaft determiniert. Woyzecks körperliche, seelische und soziale Zerstörung, das wichtigste Moment für Maries Untreue und den Sieg des Tambourmajors, ist auf den Zwang zu schädlichen und entwürdigenden Arbeiten, Demütigungen durch sozial höher gestellte Personen und unzumutbare medizinische Experimente zurückzuführen.
  Der Tambourmajor sucht seine Männlichkeit, die einzige Basis seiner sozialen Position, durch die Affäre mit Marie zu bestätigen. Liebe aus Leidenschaft (für Marie) oder Rivalität zu einem anderen Mann (Woyzeck) ist ihm fremd.

4. Schlussfolgerung

Es ist sinnvoll, wenn auch nicht unbedingt zwingend, die soziale Thematik als übergeordnet zu betrachten und das „Dreieck der Eifersucht" als Veranschaulichung der gesellschaftlichen Verhältnisse zu verstehen. „Woyzeck" ist eher eine **soziale Tragödie** als eine **Eifersuchtstragödie**.

2 Gegensatz Hauptmann – Woyzeck

Vorliegende Szene

Der Hauptmann. Woyzeck

Aufgabe

Wie wird der Gegensatz zwischen dem Hauptmann und Woyzeck in der vorliegenden Szene dargestellt? Welche Bedeutung hat dieser Gegensatz für das gesamte Stück?

1. Situation

- Woyzeck rasiert den Hauptmann
- der Untergebene hat dem Vorgesetzten zu dienen (militärische Hierarchie)
- der Offizier belehrt, verhöhnt und demütigt den einfachen Soldaten
- Hauptmann bestimmt weitgehend den Verlauf des Gesprächs
- Woyzeck wagt nur einmal zu widersprechen

2. Darstellung des Hauptmanns

- beherrscht Woyzeck
- legt die Themen des Gesprächs fest
- hat den größeren Redeanteil
- Lebensideal: Untätigkeit, Langsamkeit, Moral (braucht nicht zu arbeiten;
- erwartet Bedienung; sucht unterhaltsame Beschäftigung zum Füllen der Zeit; vertritt die von der Religion gelehrte Moral; fühlt sich moralisch überlegen, weil er seine natürliche Sinnlichkeit und Sexualität unterdrückt
- leidet unter Langeweile und Schwermut
- kann nicht folgerichtig argumentieren; äußert Plattheiten und Tautologien; widerspricht sich selbst
- behandelt Woyzeck herablassend (wiederholte sentimentale Bezeichnung „ein guter Mensch“ für Woyzeck; Verwendung des Anredepronomens „Er“)
- kritisiert und verspottet Woyzeck wegen seiner Untugend und Dummheit

3. Darstellung Woyzecks

- akzeptiert seine untergeordnete Stellung
- reagiert nur zögerlich auf die Äußerungen des Hauptmanns
- hat den geringeren Redeanteil
- verwendet das respektvolle Anredepronomen „Sie“
- sein Leben wird von Armut bestimmt
- er wird zur Arbeit gezwungen; er muss sich „abhetzen“
- als „armer Kerl“ kann Woyzeck keine Tugend entwickeln; sein Handeln wird von der „Natur“ determiniert; natürliche Bedürfnisse kann er nicht unterdrücken

4. Schlussfolgerung

- Hauptmann und Woyzeck verkörpern den sozialen Gegensatz zwischen den „Feudalen“ und den „Armen“
- für den Hauptmann erwächst der Gegensatz aus der unterschiedlichen Einstellung zur Moral
- Woyzeck sieht materielle Verhältnisse als Ursache des Gegensatzes

3 Gegensatz Doctor – Woyzeck

Vorliegende Szene
Beim Doctor

Aufgabe
Erläutern Sie anhand dieser Szene, wie in Büchners Stück der Gegensatz zwischen Woyzeck und dem Doctor dargestellt wird.

1. Situation
- das medizinische Experiment: Konsequenzen einer Diät für die Chemie des Urins und die psychische Gesundheit
- Doctor als Fachmann und Herr des Experiments
- Woyzeck als Versuchskaninchen und Opfer des Experiments

2. Darstellung des Doctors
- glaubt an den Fortschritt der Naturwissenschaft durch experimentelle Forschung
- hofft, sich mit seinen Forschungsergebnissen in der Welt der Wissenschaft erfolgreich durchsetzen zu können
- ist aktiv, rational, objektiv, damit aber auch inhuman und ideologisch verblendet
- betrachtet Woyzeck als Versuchsobjekt und medizinischen Fall
- beherrscht Woyzeck durch einen Vertrag, sein Sachwissen und die Fachsprache
- rechtfertigt die Kritik an Woyzeck und die Zerstörung seiner körperlichen und seelischen Gesundheit mit der Idee des freien Willens
- behandelt Woyzeck herablassend (vgl. die Verwendung des Anredepronomens „Er“ und die Gewährung einer „Zulage“) und arrogant (Das „Subject Woyzeck philosophirt wieder“, soll aber eher „wieder pissen“.)
- groteske Vermischung verschiedener Sprachebenen (Hochsprache, derbe Umgangssprache, naturwissenschaftliche Fachsprache, Versatzstücke aus der idealistischen Philosophie)

3. Darstellung Woyzecks

- ist machtlos und dem Doctor hilflos ausgeliefert
- leidet körperlich und seelisch unter dem medizinischen Experiment
- ist unfrei und unterliegt dem natürlichen Zwang der körperlichen Vorgänge
- hat den Vertrag nicht aus freien Stücken geschlossen, sondern weil er Geld verdienen muss
- verstummt, weil er der modernen naturwissenschaftlichen Denk- und Sprechweise intellektuell und sprachlich nicht gewachsen ist
- zeigt Symptome von Verfolgungswahn

4. Schlussfolgerung

- Doctor und Woyzeck verkörpern den sozialen Gegensatz zwischen dem (Bildungs-)Bürgertum und den „Armen"
- Der Doctor ist in seiner materiellen, fachlichen und sprachlichen Überlegenheit verantwortlich für die körperliche, seelische und soziale Zerstörung Woyzecks.
- Der Doctor wird karikaturhaft überzeichnet, um seine Unmenschlichkeit und seinen Hochmut deutlich zu zeigen.
- Woyzeck wird wegen seiner Armut und der Gebundenheit an natürliche Zwänge, wegen des Mangels an wissenschaftlichem Denken und Sprechen zum Opfer der gesellschaftlichen Verhältnisse.

4 Beziehung Hauptmann – Doctor

Vorliegende Szene
Straße

Aufgabe
Wie werden die Beziehungen zwischen dem Hauptmann und dem Doctor dargestellt?

1. Aufbau der Szene
- Gegensatz im ersten Teil der Szene: Hauptmann – Doctor
- Veränderung der Personenkonstellation (Auftritt Woyzeck)
- Gegensatz im zweiten Teil der Szene: Hauptmann und Doctor – Woyzeck
- Figuren als Repräsentanten sozialer Klassen (Hauptmann: die Feudalen; Doctor: die Bürger; Woyzeck: die Armen)

2. Hauptmann
- inaktiv, langsam, sentimental, melancholisch
- äußert sich abfällig über den Doctor als Mediziner und Wissenschaftler
- setzt konservative feudale Werte (dauerhafte soziale Hierarchie, beschauliche Lebensweise, religiös begründete Moral) gegen die fortschrittlichen bürgerlichen (Dynamik, Rationalität, Sachlichkeit) des Doctors
- gegenüber Woyzeck: hochmütig, spöttisch, herablassend, gewaltbereit
- wendet sich gemeinsam mit dem Doctor gegen Woyzeck (Bündnis der Reichen, Gebildeten, Mächtigen gegen die Armen)

3. Doctor

- aktiv, schnell, sachlich, rational
- kritisiert Antriebsschwäche, Faulheit, intellektuelle Schlichtheit des Offiziers sowie dessen Befehlsgewalt
- vertritt die Interessen der wissenschaftlichen Objektivität, des Fortschritts, der freien Forschung
- gegenüber Woyzeck (wie der Hauptmann): arrogant, spottend, herablassend – droht aber nicht mit Gewalt (Woyzeck hat sich ihm per Vertrag freiwillig unterworfen)
- sieht im Hauptmann (wie in Woyzeck) den medizinischen Fall und das Experimentierobjekt

4. Schlussfolgerung

- Der Konflikt zwischen dem Hauptmann und dem Doctor, dem Militär und der Wissenschaft, den Feudalen und den Bürgern ist dem Gegensatz der „Reichen" (Hauptmann **und** Doctor) zu den „Armen" (Woyzeck) untergeordnet.

  Der Doctor als Repräsentant der neuen Zeit ist dem Hauptmann als Vertreter der alten Ordnung bereits überlegen; er kann es sich erlauben, den Hauptmann wie Woyzeck ungestraft als Fall und Experimentalobjekt zu betrachten und zu behandeln.

5 Das Märchen der Großmutter

Vorliegender Text

Marie mit Mädchen vor der Haustür

Aufgabe

Welche Bedeutung und Funktion hat die Märchenszene und die Erzählung der Großmutter für das Stück?

1. Die Märchenszene im Stück

- geringe Bedeutung der Szene für die dramatische Handlung
- einziger Auftritt der Großmutter im gesamten Stück
- Großmutter weder an der Handlung noch am Dialog beteiligt – sie erzählt
- Wechsel zu einer epischen Form: Distanzierung von der dramatischen Handlung
- Märchen als parabolische Form: Kommentierung der Handlung und der Hauptfigur

2. Gegensatz zum traditionellen Märchen (vgl. z. B. das Sterntaler-Märchen)

- Das „arm Kind“ wird aus seiner Einsamkeit und Armut nicht erlöst.
- Einsamkeit und Not bestehen am Ende fort
- Gott im Himmel sorgt nicht für Gerechtigkeit (Gibt es Gott überhaupt?)
- Entzauberung der jenseitigen Welt (Sonne, Mond, Sterne)
- Desillusionierung über den Zustand der diesseitigen Welt („... war die Erd ein umgestürzter Hafen ...“)
- das Märchen erklärt die Welt nicht (Ist die Welt sinnlos?)

3. Das Märchen als Kommentar

- Woyzeck als „ein arm Kind“: Armut, Einsamkeit, Not
- Alle Bemühungen Woyzecks, Armut, Einsamkeit und Not zu überwinden, enden mit Enttäuschungen.
- Am Ende des Stückes ist er „ganz allein“.
- Es gibt für die „Armen“ keine Gerechtigkeit, weder im Diesseits noch im Jenseits. (Woyzeck: „Unseins ist doch einmal unseelig in der und der andern Welt, ich glaub' wenn wir in Himmel kämen so müßten wir donnern helfen.“)
- Hoffnung auf Gerechtigkeit und Erlösung führt zur Katastrophe: Das gilt für das Kind im Märchen und für Woyzeck im Stück.

6 Der Schluss

Vorliegende Szenen

Woyzeck an einem Teich
Der Idiot. Das Kind. Woyzeck

Vorbemerkung

Im Libretto zu Alban Bergs Oper „Wozzeck“ wird die Teichszene an den Schluss gestellt; die Regieanweisung **„Er ertrinkt“** ist hinzugefügt. Heutige Bühnenfassungen des Stückes für das Sprechtheater enden meistens mit Szene ‚Der Idiot. Das Kind. Woyzeck.‘.

Aufgabe

Erläutern und bewerten Sie diese beiden dramaturgischen Lösungen.

1. Das Problem

- Büchner starb vor dem Abschluss des Stückes – „Woyzeck“ ist Fragment
- vier Szenengruppen mit insgesamt 49 Szenen liegen handschriftlich vor
- für Buchausgaben und Theateraufführungen werden Lese- und Bühnenfassungen erstellt
- Zusammenstellung der Szenen interpretiert das Stück

2. „Wozzeck“-Lösung

- traditioneller Schluss einer Tragödie nach aristotelischem Muster (tragischer Held wird schuldig, erkennt seine Schuld, akzeptiert Verantwortung und Sühne, bestraft sich selbst)
- Katastrophe am Schluss muss motiviert werden durch Exposition am Anfang und Klimax/Peripetie im Mittelteil
- Konsequenz: Bau des Stückes wird der Pyramide der geschlossenen Form zumindest angenähert
- Kritik: Büchners Handschriften enthalten keinen Hinweis auf pyramidalen Bau; Handlungsführung, Präsentation der Figuren (Woyzeck ist kein tragischer Held), Behandlung von Ort und Zeit, die Sprache des Stückes sind nicht-aristotelisch und entsprechen der offenen Form des Dramas

- „Wozzeck“-Lösung widerspricht den historischen Fakten (Woyzeck wurde verhaftet, zum Tode verurteilt, öffentlich hingerichtet) – Büchner verlangte vom Dramatiker, sich an die geschichtlichen Tatsachen zu halten
- „Wozzeck“-Lösung widerspricht dem Text der Szene (Woyzeck will Tatwerkzeug beseitigen und Blutspuren abwaschen. Mehr steht in der Szene nicht.)

3. „Woyzeck“-Lösung

- entspricht dem intendierten offenen Bau des Stückes (Eigenständigkeit der einzelnen Szenen etc.)
- Woyzeck wird nicht zum tragischen Helden stilisiert.
- entspricht dem Ende des Märchens der Großmutter (Woyzeck hatte „nichts auf der Welt“ außer Marie. Jetzt „wendet sich“ auch das Kind von Woyzeck ab. Woyzeck „ist ganz allein“, wie das „arm Kind“ des Märchens.)
- widerspricht nicht den historischen Fakten und Büchners Grundsatz, diese im Drama wiederzugeben
- Die erste Äußerung Karls („Der is in's Wasser gefallen ...“) macht es plausibel, diesen Auftritt nach der Teichszene zu spielen.

4. Schlussfolgerung

- Die Teichszene sollte aus heutiger Sicht nicht an den Schluss gesetzt werden. Vieles spricht für Szene ‚Der Idiot. Das Kind. Woyzeck.‘ als Schluss.

7 Fatalismus

Vorliegender Text

Büchners Brief „An die Braut" (Gießen, nach dem 10. März 1834)

Vorbemerkung

In einem Brief vom Februar 1834 sagt Büchner, dass **„es in niemands Gewalt liegt, kein Dummkopf oder kein Verbrecher zu werden – weil wir durch gleiche Umstände wohl alle gleich würden und weil die Umstände außer uns liegen."** Einige Wochen später schreibt er an seine Braut den so genannten Fatalismus-Brief, in dem er über sein Studium der Französischen Revolution berichtet.

„Ich studierte die Geschichte der Revolution. Ich fühlte mich wie zernichtet unter dem gräßlichen Fatalismus der Geschichte. Ich finde in der Menschennatur eine entsetzliche Gleichheit, in den menschlichen Verhältnissen eine unabwendbare Gewalt, Allen und Keinem verliehen. Der Einzelne nur Schaum auf der Welle, die Größe ein bloßer Zufall, die Herrschaft des Genies ein Puppenspiel, ein lächerliches Ringen gegen ein ehernes Gesetz, es zu erkennen das Höchste, es zu beherrschen unmöglich. Es fällt mir nicht mehr ein, vor den Paradegäulen und Eckstehern der Geschichte mich zu bücken. Ich gewöhnte mein Auge ans Blut. Aber ich bin kein Guillotinenmesser. Das **muß** ist eins von den Verdammungsworten, womit der Mensch getauft worden. Der Ausspruch: es muß ja Ärgernis kommen, aber wehe dem, durch den es kommt, – ist schauderhaft. Was ist das, was in uns lügt, mordet, stiehlt?"

Aufgabe

Erläutern Sie Büchners Begriff ‚Fatalismus' und wenden Sie ihn auf die Darstellung der Figur Woyzeck und ihr Verbrechen an.

1. Begriffsklärung ‚Fatalismus'

- Das menschliche Individuum wird von außer ihm liegenden Umständen geformt.
- Die äußeren Umstände gehören zur Natur und zur Gesellschaft („Menschennatur" und „menschliche Verhältnisse").
- Natürliche Umstände sind z. B. vom individuellen Willen unabhängige Triebe, körperliche Bedürfnisse und Nöte.

- Gesellschaftliche Umstände sind z. B. die materielle (wirtschaftliche, finanzielle etc.) Situation, die Bildung, Zugehörigkeit zu einer sozialen Klasse, Weltanschauung und Moral, die politische Lage.
- Natürliche und gesellschaftliche Umstände determinieren das Leben und Handeln aller Menschen („ein ehernes Gesetz", „eine entsetzliche Gleichheit").
- Es gibt keine von der „unabwendbaren Gewalt" der natürlichen und gesellschaftlichen Verhältnisse unbeeinflusste Freiheit des Menschen.
- Die Menschen leiden unter diesen Zwängen. („Das **muß** ... ist schauderhaft.")
- Wer diese Zwänge erkennt, sollte für die leidenden Menschen Mitleid empfinden. („... ich bin kein Guillotinenmesser.")

2. ‚Fatalismus' im „Woyzeck"

- Woyzecks Leben wird von außer ihm liegenden Umständen bestimmt
- natürliche Zwänge: Sexualität (Marie), Vermeidung der Einsamkeit = Mensch als Sozialwesen (Marie, Tambourmajor), körperliche Bedürfnisse (Ausscheidungen), Nöte (körperliche und seelische Krankheitssymptome nach der Diät)
- gesellschaftliche Zwänge: Armut (Arbeit, Abhängigkeit, Unterordnung, Amoralität), Unwissenheit (Sprachnot, „Philosophieren", Irrationalität, Aberglaube)
- Konsequenz: Rastlosigkeit, Verfolgungswahn, Halluzinationen – Wahnsinn als unmittelbare, die Umstände als mittelbare Ursache des Mordes an Marie
- Freiheitsphilosophie des Doctors und Moralphilosophie des Hauptmanns sind Ideologie (objektiv falsch, obwohl sie subjektiv vielleicht für richtig gehalten werden)
- Mitleid des Zuschauers wird auf Woyzeck gelenkt
- Hauptmann und Doctor sind hassenswerte Figuren (karikaturhaft überzeichnet, mit satirischer Schärfe verurteilt), weil sie dem bemitleidenswerten Woyzeck mit Verachtung, Hochmut, Spott und Herablassung begegnen.

8 Dramatische Dichtung

Vorliegender Text

Büchners Brief „An die Familie“ (Straßburg, 28. Juli 1835)

„... der dramatische Dichter ist in meinen Augen nichts, als ein Geschichtsschreiber, steht aber **über** Letzterem dadurch, daß er uns die Geschichte zum zweiten Mal erschafft und uns gleich unmittelbar, statt eine trockne Erzählung zu geben, in das Leben einer Zeit hinein versetzt, uns statt Charakteristiken Charaktere, und statt Beschreibungen Gestalten gibt. Seine höchste Aufgabe ist, der Geschichte, wie sie sich wirklich begeben, so nahe als möglich zu kommen. Sein Buch darf weder **sittlicher** noch **unsittlicher** sein, als die **Geschichte selbst** ...
Der Dichter ist kein Lehrer der Moral, er erfindet und schafft Gestalten, er macht vergangene Zeiten wieder aufleben, und die Leute mögen dann daraus lernen, so gut, wie aus dem Studium der Geschichte und der Beobachtung dessen, was im menschlichen Leben um sie herum vorgeht. Wenn man so wollte, dürfte man keine Geschichte studieren, weil sehr viele unmoralische Dinge darin erzählt werden, müßte mit verbundenen Augen über die Gasse gehen, weil man sonst Unanständigkeiten sehen könnte, und müßte über einen Gott Zeter schreien, der eine Welt erschaffen, worauf so viele Liederlichkeiten vorfallen. Wenn man mir übrigens noch sagen wollte, der Dichter müsse die Welt nicht zeigen, wie sie ist, sondern wie sie sein solle, so antworte ich, daß ich es nicht besser machen will, als der liebe Gott, der die Welt gewiß gemacht hat, wie sie sein soll. Was noch die sogenannten Idealdichter anbetrifft, so finde ich, daß sie fast nichts als Marionetten mit himmelblauen Nasen und affektiertem Pathos, aber nicht Menschen von Fleisch und Blut gegeben haben, deren Leid und Freude mich mitempfinden macht, und deren Tun und Handeln mir Abscheu oder Bewunderung einflößt. Mit einem Wort, ich halte viel auf Goethe oder Shakespeare, aber sehr wenig auf Schiller.“

Aufgabe

Erläutern Sie Büchners Aussagen zur dramatischen Dichtung.
Inwiefern treffen sie auf das Stück „Woyzeck“ zu?

1. Thema und Methode der Argumentation

- Es gibt von Büchner keine größere literaturtheoretische Schrift, aber einzelne Äußerungen zu seiner Intention als Schriftsteller, z. B. in Briefen.
- Die Erläuterung dieser Aussagen führt zur literarischen Intention Büchners, wenn sie mit seinen Werken verknüpft werden.

2. Inhalt des Dramas

- keine Erzählung aus der Vergangenheit, sondern Vergegenwärtigung durch Darsteller auf der Bühne
- realistische Wiedergabe des tatsächlichen, historisch belegten Geschehens (Nachahmung der Wirklichkeit ohne Idealisierungen)
- Handlung des Stückes entstammt dem belegten Fall Woyzeck
- inhaltliche Ergänzungen aus anderen Quellen (z. B. Clarus-Gutachten)
- tatsächliche Ereignisse werden nicht verklärt: das Hässliche, Alltägliche, Unmoralische bleibt erhalten

3. Figuren des Dramas

- keine „Marionetten mit himmelblauen Nasen und affektiertem Pathos": keine tragischen Helden, die nach der aristotelischen Ständeklausel der höchsten Gesellschaftsschicht entstammen
- keine idealisierten Menschen: keine mündigen, freien, reflektierenden, rhetorisch versierten Personen
- „Menschen von Fleisch und Blut": realistische Darstellung wirklicher Menschen („die Armen" aus der untersten Gesellschaftsschicht: leidende, natürlichen und gesellschaftlichen Zwängen ausgesetzte, unfreie und „sprachlose" sowie amoralische Figuren)
- Menschen, die dem Schriftsteller und dem Zuschauer „Abscheu einflößen": die „Reichen", die satirisch und karikaturhaft dargestellt werden

4. Intention des Dramas

- keine moralische Verklärung der Realität, keine moralische Belehrung des Publikums
- Amoralität der „Armen" wird gezeigt, nicht in lehrhafter Absicht verurteilt
- aber: Inhumanität der „Reichen" wird indirekt durch satirische Übertreibung kritisiert
- „Mitempfinden" des Schriftstellers und des Publikums
- Woyzeck (und die anderen „Armen") verdient Mitleid, die „Reichen" (Hauptmann, Doctor) Verachtung

5. Schluss

- Büchner erklärt in dem Brief einige Grundsätze der dramatischen Darstellung. Diese „Theorie" von 1835 wird 1836/37 im „Woyzeck" umgesetzt.

Literaturverzeichnis

Ausgaben

Fritz Bergemann (ed.): Georg Büchner. Werke und Briefe, München [4]1969 (dtv).
Gerhard P. Knapp (ed.): Georg Büchner. Gesammelte Werke, München 1978 (Goldmann).
Werner R. Lehmann (ed.): Georg Büchner. Sämtliche Werke und Briefe – Historisch-kritische Ausgabe, Bde. I/II/III, München 1972 u. [3]1978 (Hanser).
Karl Pörnbacher u.a. (ed.): Georg Büchner. Werke und Briefe, München/Wien [3]1984 (Hanser).
Lothar Bornscheuer (ed.): Georg Büchner. Woyzeck – Kritische Lese- und Arbeitsausgabe, Stuttgart 1972 (Reclam).
Egon Krause (ed.): Georg Büchner. Woyzeck, Frankfurt a. M. 1969 (Insel).
Hans Mayer (ed.): Georg Büchner. Woyzeck – Vollständiger Text und Paralipomena. Dokumentation, Frankfurt/Berlin/Wien 1963 (Ullstein).
Poschmann, Henri (ed.): Georg Büchner. Woyzeck, Frankfurt a. M. 1985 (Insel).

Sekundärliteratur

Arnold, Heinz Ludwig (ed.): Georg Büchner I/II, München 1979 (edition text + kritik).
Arnold, Heinz Ludwig (ed.): Georg Büchner III, München 1981 (edition text + kritik).
Baumann, Gerhart: Georg Büchner. Die dramatische Ausdruckswelt, Göttingen [2]1976 (Vandenhoeck & Ruprecht).
Beese, Marianne: Georg Büchner, Leipzig 1983 (VEB Bibliographisches Institut).
Goltschnigg, Dietmar: Rezeptions- und Wirkungsgeschichte Georg Büchners, Kronberg 1975 (Scriptor).
Hauschild, Jan-Christoph: Georg Büchner. Biographie, Stuttgart/Weimar 1993 (Metzler)
Jancke, Gerhard: Georg Büchner. Genese und Aktualität seines Werkes. Einführung in das Gesamtwerk, Kronberg 1975 (Scriptor).
Johann, Ernst: Georg Büchner in Selbstzeugnissen und Bilddokumenten, Hamburg 1958 (rowohlts monographien).
Klotz, Volker: Geschlossene und offene Form im Drama, München [5]1970 (Hanser).
Knight, Arthur Harold John: Georg Büchner, Oxford 1951 (Blackwell).
Kobel, Erwin: Georg Büchner. Das dichterische Werk, Berlin & New York 1974 (de Gruyter).
Krapp, Helmut: Der Dialog bei Georg Büchner, München [2]1970 (Hanser).
Martens, Wolfgang (ed.): Georg Büchner, Darmstadt [3]1973 (Wissenschaftliche Buchgesellschaft, Wege der Forschung LIII).
Mayer, Hans: Georg Büchner. Woyzeck, Frankfurt/Berlin/Wien 1984
Meier, Albert: Georg Büchner. Woyzeck, München 1980 (UTB Fink).
Richards, David G.: Georg Büchners Woyzeck. Interpretation und Textgestaltung, Bonn 1975 (Bouvier).
Strudthoff, Ingeborg: Die Rezeption Georg Büchners durch das deutsche Theater, Berlin 1957 (Colloquium).
Thorn-Prikker, Jan: Revolutionär ohne Revolution. Interpretationen der Werke Georg Büchners, Stuttgart 1978 (Klett-Cotta).

von Wiese, Benno: Die deutsche Tragödie von Lessing bis Hebbel, Hamburg [7]1967 (Hoffmann & Campe).
Wittkowski, Wolfgang: Georg Büchner. Persönlichkeit – Weltbild – Werk, Heidelberg 1978 (Winter).

Materialien

Bornscheuer, Lothar (ed.): Erläuterungen und Dokumente zu Georg Büchner. Woyzeck, Stuttgart 1972 (Reclam).
Goltschnigg, Dietmar (ed.): Materialien zur Rezeptions- und Wirkungsgeschichte Georg Büchners, Kronberg 1974 (Scriptor).
Heckmann, Herbert (ed.): Büchner-Preis-Reden 1972 – 1983, Stuttgart 1984 (Reclam).
Johann, Ernst (ed.): Büchner-Preis-Reden 1951 – 1971, Stuttgart 1972 (Reclam).
Knapp, Gerhard R: Georg Büchner. Eine kritische Einführung in die Forschung, Frankfurt a.M. 1975 (Athenäum-Fischer).

Alban Berg: Wozzeck

Alban Berg: Wozzeck op. 7. Oper in drei Akten, Hamburg 1965 (Deutsche Grammophon) [mit Libretto und Einführungstext von George Perle].
Alban Berg: Wozzeck, mit einer Vorlesung über ‚Wozzeck' (1929), hrsg. von Pierre Boulez, gelesen von Theodor W. Adorno, o. O. 1971 (CBS).
Forneberg, Erich: Wozzeck von Alban Berg, Berlin-Lichterfelde 1963 (Lienau).
Scherliess, Volker: Alban Berg in Selbstzeugnissen und Bilddokumenten, Reinbek 1975 (rowohlts monographien).

Für die Schule

Gerdes, Meinhard / Hesse, Klaus / Rüdiger, Niels (ed.): Georg Büchner. Woyzeck. Text und Materialien, Frankfurt a. M. 1980 (Hirschgraben).
Gerdes, Meinhard/Hesse, Klaus/Rüdiger, Niels: Georg Büchner. Woyzeck – Lehrerheft, Frankfurt a. M. 1981 (Hirschgraben).
Kopfermann, Thomas / Stirner, Hartmut (ed.): Georg Büchner. Woyzeck-Lese- und Bühnenfassung, mit Materialien, Leipzig, Stuttgart, Düsseldorf 2004 (Klett).
Ritscher, Hans: Georg Büchner. Woyzeck, Frankfurt / Berlin / München [9]1986 (Diesterweg).
Salzmann, Wolfgang: Stundenblätter ‚Woyzeck'. Eine literatursoziologische Analyse, Stuttgart 1978 (Klett).
Schläbitz, Norbert / Diekhans, Johannes: Georg Büchner. Woyzeck, Paderborn 2000 (Schöningh)
Schnierle, Herbert: Georg Büchner. Leben und Werk, Stuttgart 1986 (Klett).
Schuster, Karl (ed.): Georg Büchner. Woyzeck, Bamberg 1981 (Buchner).

Sonstige zitierte Literatur

Aristoteles: Poetik. Übersetzung, Einleitung und Anmerkungen von Olof Gigon, Stuttgart 1961 (Reclam).
Die Bibel oder die ganze Heilige Schrift des Alten und Neuen Testaments nach der deutschen Übersetzung D. Martin Luthers, Stuttgart 1912 (Privilegierte Württembergische Bibelanstalt).

Lektürehilfen mit 8 typischen Abiturfragen und Lösungen

Bertolt Brecht „Der gute Mensch von Sezuan"
ISBN 978-3-12-923033-6 | 9,95 €

Bertolt Brecht „Leben des Galilei"
ISBN 978-3-12-923034-3 | 9,95 €

Georg Büchner „Dantons Tod"
ISBN 978-3-12-923041-1 | 9,95 €

Georg Büchner „Woyzeck"
ISBN 978-3-12-923005-3 | 9,95 €

Friedrich Dürrenmatt „Die Physiker"
ISBN 978-3-12-923035-0 | 9,95 €

Theodor Fontane „Effi Briest"
ISBN 978-3-12-923029-9 | 9,95 €

Theodor Fontane „Irrungen, Wirrungen"
ISBN 978-3-12-923012-1 | 9,95 €

Max Frisch „Andorra"
ISBN 978-3-12-923037-4 | 9,95 €

Max Frisch „Homo faber"
ISBN 978-3-12-923017-6 | 9,95 €

Johann Wolfgang von Goethe „Faust – Erster und Zweiter Teil"
ISBN 978-3-12-923002-2 | 11,95 €

Johann Wolfgang von Goethe „Iphigenie auf Tauris"
ISBN 978-3-12-923018-3 | 9,95 €

Johann Wolfgang von Goethe „Die Leiden des jungen Werther"
ISBN 978-3-12-923006-0 | 9,95 €

E.T.A. Hoffmann „Der Sandmann"
ISBN 978-3-12-923036-7 | 9,95 €

Franz Kafka „Der Proceß"
ISBN 978-3-12-923023-7 | 9,95 €

Heinrich von Kleist „Michael Kohlhaas"
ISBN 978-3-12-923024-4 | 9,95 €

Gotthold Ephraim Lessing „Emilia Galotti"
ISBN 978-3-12-923011-4 | 9,95 €

Gotthold Ephraim Lessing „Nathan der Weise"
ISBN 978-3-12-923004-6 | 9,95 €

Lyrik der Nachkriegszeit 1945–1960
ISBN 978-3-12-923013-8 | 9,95 €

Liebeslyrik
ISBN 978-3-12-923031-2 | 9,95 €

Robert Musil „Die Verwirrungen des Zöglings Törleß"
ISBN 978-3-12-923042-8 | 9,95 €

Friedrich Schiller „Die Räuber"
ISBN 978-3-12-923026-8 | 9,95 €

Friedrich Schiller „Don Karlos"
ISBN 978-3-12-923044-2 | 9,95 €

Friedrich Schiller „Kabale und Liebe"
ISBN 978-3-12-923021-3 | 9,95 €

Bernhard Schlink „Der Vorleser"
ISBN 978-3-12-923009-1 | 9,95 €

Patrick Süskind „Das Parfum"
ISBN 978-3-12-923019-0 | 9,95 €

Christa Wolf „Kassandra"
ISBN 978-3-12-923043-5 | 9,95 €

Auch für englische und französische Werke erhältlich.

Klett